edition ⁘ chrismon

CHRISTIANE THIEL

Das chrismon-
FAMILIENJAHRBUCH

Mit Lisa und Björn durchs Kirchenjahr

Illustrationen von Sandra Beer

edition chrismon

CHRISTIANE THIEL, geboren 1968 im
sächsischen Freiberg, war Stadtjugendpfarrerin
von Leipzig und ist seit Juli 2008 Pfarrerin in
Holzhausen bei Leipzig. 2007 wurde ihr für das
Buch „Das Jahr, in dem ich 13 ½ war" der Peter-
Härtling-Preis der Stadt Weinheim verliehen.

SANDRA BEER, geboren 1978, studiert
Illustration und Grafikdesign an der Hochschule
für Gestaltung in Offenbach. Für die edition
chrismon illustrierte sie 2011 „Wie sehe ich aus',
fragte Gott" von Rafik Schami.

INHALT

EINFÜHRUNG

Ein Lesebuch für das Jahr. Ein Buch für Familien mit kleinen und größeren und ganz großen Kindern. Ein Buch, das durch ein Kirchenjahr führen und dabei den Blick auf das evangelische Profil einer solchen Zeit schärfen will.

Gibt es ein evangelisches Kirchenjahr?

Nein. Aber es gibt evangelische Akzente. Die haben auf den nachfolgenden Seiten allerhand Raum. Jahreszeiten, kulturgeschichtliche Fakten, religionsgeschichtlich Wissenswertes ist hier ebenso zu finden wie die biblischen Grundlegungen bestimmter Fest- und Feiertage. Dabei geht es um einen aufgeklärt kritischen Blick auf die biblische Überlieferung. Die Vielfalt und Widersprüchlichkeit biblischer Traditionen wird ebenso benannt, wie der Zweifel an der Historizität mancher biblischer Figuren nicht unerwähnt bleibt.

Die Frage nach dem protestantischen Profil eines solchen Buches hat den Bezug zur Welt in besonderer Weise hervortreten lassen. Hier finden sich nur sehr wenige Porträts heiliger und oftmals ins Reich der Legenden gehörender Gestalten der Kirchengeschichte, hingegen viele von „echten" Menschen, die sich aufgrund ihres Glaubens in die Geschicke der Welt einmischten und einbringen. Darüber hinaus läuft in der Fußzeile eine Zeitschiene mit, die mit einer großen Auswahl weltlicher Feier- und Gedenktage gefüllt ist. Der Weltknuddeltag wird ebenso erwähnt wie der Gedenktag zur Befreiung des Konzentrationslagers Auschwitz.

8

Schöpfung und Welt sind mit zahlreichen naturkundlichen Beiträgen vertreten, mancher „Planet" ist dabei ganz und gar irdisch und mit seltsamen menschlichen Ideen bevölkert. Zuletzt schließt jeder Monat mit einem kleinen Gebet.

Die jedem Monat vorangestellten Geschichten erzählen aus dem Leben einer Patchworkfamilie, wie es sie heute zahlreich gibt: Zusammengesetzt aus verschiedenen Teilen, leben alle Beteiligten mit großer Liebe und der Sehnsucht nach einem guten Leben. Geboren werden und sterben, Krankheit, Unsicherheit und Überschwang neuen Glücks – ein Jahr bildet sich in ganzer Breite ab. Diese Texte sind zum Genießen gedacht.

Es gibt Texte für verschiedene Lesealter. Sie sind am Rand markiert und kenntlich gemacht. Auch Leseanfänger *ABC* und Erstleserinnen *ABC* sind willkommen, im Buch zu stöbern.

Im Anhang befindet sich ein Glossar zu schwierigen und unbekannten Begriffen, außerdem ein Literaturverzeichnis und ein Bibelstellenverzeichnis.

Die Autorin dankt allen, die die Entstehung des Buches kritisch und sorgfältig begleitet haben.

Ich freue mich, wenn eine Sammlung solcher Art begeisterte Leser und Leserinnen findet.

Christiane Thiel, Leipzig im Herbst 2012

DEZEMBER

s war sehr kalt. Vierter Advent.

Noch drei Tage und es wäre Heiliger Abend.

Es lag Schnee. Weiße Weihnachten. Ein Sechser im Lotto. Der Wetterbericht sagte nichts anderes. Alle waren aus dem Häuschen.

Die Kinder tobten durch den Schnee. Schon seit zwei Wochen hatte es geschneit.

Die Schule war aus. Weihnachtsferien.

Es war vor seiner Diagnose.

Zwar hatte Peter – so erinnerte er sich – schon damals manchmal krampfartige Schmerzen in einem Bein gespürt, manchmal Taubheit am Fuß oder ein seltsames Kribbeln an der Rückseite der Wade. Aber das hatte mit dem Sport zu tun. Er hatte zu viel oder zu hart Fußball gespielt. Typisch alte Herren, lästerte Martha, wenn er ihr von seinen Wehwehchen erzählte. Vor der Diagnose. Sein Leben hatte einen Bruch. Einen Punkt, an dem sich die parallelen Geraden im Raum berühren. Seine Diagnose. MS.

Aber das war vorher. Er wusste es genau. Seit der Diagnose war er nicht mehr Schneeschuh gelaufen. Außerdem war das, was an diesem Abend geschah, unvergesslich. Es war wie durch ein helles Blitzlicht beleuchtet glasklar und scharfkantig in seinem Gedächtnis verankert.

Es war kalt. Er hatte Ferien. Die Berufsschule machte Pause. Wie alle anderen auch. Seine Lehrlinge waren vor zwei Tagen wie kleine Kinder fröhlich und erwartungsvoll lärmend davongestoben. In alle Richtungen. Schwer beladen. Heiter.

Ihn hatte diese Freude auch erfasst. Wie jedes Jahr. Seitdem er Kinder hatte, ließ er sich ganz und gar davon packen. Eine Pause hatte dieses Kribbeln, als die Scheidung im vollen Gang war und er wegen des Streites mit Sonja seine Tochter Marlene nicht sehen durfte. Das war grauenhaft gewesen. Nie wieder, hatte er sich nach diesem einsamen Weihnachten geschworen. Im Oktober des folgenden Jahres hatte er Martha kennengelernt. Und dann ging die gute Zeit los. Lisa und Björn wurden geboren. Weihnachten konnte kommen.

Sogar mit Sonja war ihm ein friedliches Abkommen gelungen. Marlene kam und ging. Je älter sie wurde, umso selbstbestimmter machte sie das.

Aber damals war sie nicht dabei.

Er war mit Lisa und Björn am Nachmittag aufgebrochen. Lisa war acht und Björn war sechs. Björn war im Sommer zur Schule gekommen. Er war ein kräftiges Kerlchen. Mit ihm und Lisa konnte man schon richtig losziehen. Er stand auf seinen kleinen Skiern und holte weit aus. Wie bei einem Aufziehmännchen gingen die Beine hin und her. Lisa folgte Björn. Dann kam er selbst. Zuerst zogen sie über die Felder. Dem Wald zu. Dann traten sie in die Stille des Waldes ein wie in eine Zauberwelt. Die dicken Schneepolster auf den Ästen schluckten alle Geräusche. Das Knirschen des Schnees klang wie eine Melodie. Es war kalt.

Sie folgten dem Hauptweg. Sie trafen andere Schneeschuhläufer. Manchmal auch Spaziergänger. Und sie trafen Kuno, den seltsamen alten Mann, der immer durch den Wald streifte. Mit einem verschlissenen graugrünen Rucksack, einer schmutzigen Lodenjacke, einer dunkelbraunen speckigen Schiebermütze – zu jeder Jahreszeit trug er dieselbe Kleidung. Immer war er in sich versunken. Immer guckten seine kleinen Augen aus tiefen Höhlen unter weißen Augenbrauen seltsam unbestimmt hervor. Immer schien er mit sich selbst zu sprechen. Er wohnte ein Stück ostwärts des Waldes in den Siedlungshäuschen, die nach dem Krieg entstanden waren. Er war stadtbekannt. Die Kinder hatten Angst vor ihm.

Sie fuhren weiter. Spät bemerkte er, dass es zu dämmern begonnen hatte. Das gleichmäßige Gleiten hatte ihn ganz gefangen genommen. Sie kehrten um.

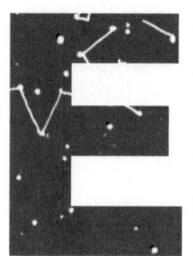s wurde rasch dunkel. Björn begann zu nörgeln. Lisa guckte sich immer wieder ängstlich nach ihm um. „Immer geradeaus!", rief er ihr jedes Mal zu. „Folg dem Weg. Wir sind richtig." Er war sich sicher, obwohl auch ihm Wald und Weg im nachlassenden Licht fremd erschienen. Sie kamen zum Badeteich. Zugefroren und glatt lag er da. Eine weiße Schneeschicht bedeckte ihn. Einladend. Er meinte, Spuren von Schneeschuhen darauf zu sehen. Schlittschuhläufer hatten am Tag darauf ihre Bahnen gezogen.

„Fahr die Böschung runter! Nur zu!", ermunterte er Lisa. Sie schoss flink auf die Schneefläche hinaus. Björn folgte ihr tapfer. „Wir kürzen ab!", rief er den Kindern zu.

Hintereinander zogen sie über den Teich. Zuerst brach Lisa ein, gleich danach Björn. Zuletzt er.

Sein Herz wurde von Panik umschlossen. Sofort blieb ihm der Atem weg.

Eiskaltes Wasser drang von allen Seiten auf ihn ein.

Die Skier sanken langsam unter ihm ins Tiefe. Er hörte die Kinder schreien. Er klammerte sich am Rand der Einbruchstelle fest, versuchte, die Kinder zu orten, sich zu ihnen zu bewegen. Es war nicht weit bis zum Ufer. Es konnte hier nicht tief sein. Sie würden es schaffen können. Hier haben wir oft gebadet. Dachte er irrsinnig.

ann sah er ihn. Er kam auf dem Bauch herangerutscht. Mit einem langen, dicken Ast in der Hand. Den schoss er zu ihm rüber. Den konnte er ergreifen. Er strich die Schuhe von den Füßen und verlor die Last der Skier. So konnte er sich befreien.

Kuno selbst rutschte zu den Kindern und packte sie. Zog sie raus. Mit allem. Zerrte sie an Land, brach selbst ein, konnte aber stehen im Eiswasser. Er legte Lisa ab, dann Björn. Wie kleine nasse Päckchen. Und deckte sie mit seiner Lodenjacke zu. Für Björn holte er eine Decke aus dem Rucksack.

Es kamen andere Leute dazu. Die riefen den Notarzt. Und die Polizei. Die redeten auf ihn ein. Er stand da und zitterte vor Angst. Wortlos war er. Er konnte Lisa nicht ansprechen. Auch Björn nicht. Er weinte.

Als das Blaulicht den dunklen Wald durchzuckte und die hellen Scheinwerfer die Szene erleuchteten, sah er seine zugedeckten Kinder, sah, dass sie lebten. Und weinte.

Er sah die Leute. Die Ärztin. Die Polizisten.

„Wer hat ihnen geholfen?", wurde er gefragt. „Wem gehört die Decke?"

Kuno war schon fort.

Später versuchten sie, sich bei ihm zu bedanken. Sie haben ihn nie in seinem Häuschen angetroffen. Manchmal haben sie ihn von Ferne seine Wege gehen sehen. Ihnen ging er aus dem Weg. Im großen Bogen. Jacke und Decke und einen Weihnachtsstollen hatte ihm Martha schon am nächsten Tag vor die Tür gelegt.

DIES UND DAS

Der Name des Monats hat seinen Ursprung im alten lateinischen Kalender, der über lange Zeit nur zehn Monate kannte und in dessen Fassung der Dezember der zehnte (lat. decem) Monat war. Die Schwankungen im Kalender, die sich aus der geringen Zahl an Monaten ergaben, wurden durch „Schaltmonate" und andere Regeln ausgeglichen. Aber letztlich hat sich auch im Römischen Reich ein Kalender mit zwölf Monaten durchgesetzt, der allerdings die meisten der alten Namen beibehielt. Unser Kalender heute unterscheidet sich vom römischen Kalender und heißt „gregorianischer Kalender".

Die altertümlichen Bezeichnungen für den Dezember als **CHRISTMONAT** oder **HEILIGMOND** sind klare Hinweise auf das Weihnachtsfest. Der schöne Name **WOLFSMONAT** kommt von der uralten Vorstellung, dass in diesem Monat ein Wolf alles Licht verschlingt und es deshalb so dunkel wird.

CHRISTLICHE FESTE

18

Am 6.12. ist Nikolaustag.

Wir denken an einen sagenhaften

Bischof, der **Nikolaus** hieß.

Er soll arme Kinder reich beschenkt

haben. Er hat sie vor großem Unheil

bewahrt. Nikolaus machte alles

heimlich. Er wollte nicht erkannt

werden. Er steckte seine Gaben in

die Schuhe, die vor der Tür standen.

So wie heute. Heute stecken wir

kleine Geschenke in die Schuhe, die

vor der Tür bereitstehen.

Schau nach!

Der Dezember ist **ADVENTSZEIT.** Vier Wochen lang brummt bei uns die Weihnachtsvorbereitung und strahlen unsere Häuser und Orte im Glanz zusätzlicher Beleuchtung. Die Ursprungsidee des Advents war weniger glanzvoll: Eine vorweihnachtliche Fastenzeit (!) sollte auf Gottes Kommen vorbereiten. Die Länge schwankte durch die Jahrhunderte zwischen vier, sechs oder drei Wochen. Fasten gehörte wesentlich dazu.

WEIHNACHTEN. Während der Anfänge des Christentums (bis ins 4. Jahrhundert) spielen Weihnachten und der Geburtstermin Jesu keine Rolle. Das einzige und wichtigste Fest war Ostern. Mit nachlassender Verfolgung und zunehmender Etablierung des Christentums änderten sich die Fragen und die Feste. Die menschliche Seite Jesu wurde wichtiger, das Leben Jesu rückte in den Fokus des Interesses. Es gelang mit dem Weihnachtsfest, den menschlichen und göttlichen Charakter Christi volkstümlich abzubilden: die jungfräuliche Geburt, der Stall, das Wunder des Sterns, die besonderen Gäste: Engel und Hirten. Der exakte Geburtstag Jesu ist nicht überliefert. Er wird bis heute in den Kirchen des Ostens für den sechsten Januar angenommen und in den Kirchen des Westens am fünfundzwanzigsten Dezember gefeiert. Aber warum Dezember oder Januar und nicht Juli oder Oktober? Das ist eine lange Geschichte, die höchstwahrscheinlich mit dem jüdischen Kalender und seinen Festen zu tun hat.

Am 28.12. begehen die Kirchen bis heute ein heikles und wichtiges Fest: das der unschuldigen Kinder. Dieser Tag geht auf die biblische Überlieferung des Kindermordes von Bethlehem (Mt 2,8–18) zurück und gedenkt der der Willkür Mächtiger und Ignoranter zum Opfer fallenden Kinder. In Zeiten hoher Kindersterblichkeit war das ein wichtiger Gedenktag, der mit dem Wunsch nach neuer Fruchtbarkeit verbunden war. In unserer Zeit bietet sich dieses Datum an, um auf die schwierige Lebenssituation vieler Kinder heute hinzuweisen.

JÜDISCHES

20

Im jüdischen Kalender wird im Dezember **CHANUKKA** gefeiert. Das achttägige Lichterfest erinnert an ein Wunder, das nach dem erfolgreichen Makkabäeraufstand im neu zu weihenden Tempel passiert sein soll. Ein kleiner Rest koscheres Lampenöl wurde gefunden, der für ganze acht Tage den siebenarmigen Tempelleuchter, die Menora, zum Leuchten brachte. Die beiden Makkabäerbücher, die in manchen evangelischen Bibelausgaben als sogenannte Apokryphen enthalten sind, berichten darüber.

Heute wird jeden Tag eine Kerze mehr am Chanukkaleuchter entzündet. Während die Kerzen brennen, ruht jede Arbeit. Es werden Segenstexte rezitiert, und Lieder und Spiele begleiten die häuslichen Feiern. Es geht fröhlich zu. Die Kinder werden beschenkt.

KLEINER TIPP: Im Jüdischen Museum in Berlin gibt es einen Chanukkamarkt. Das Dilemma vieler jüdischer oder gemischtreligiöser Familien, wenn der kulturdominante Weihnachtstrubel beginnt, hat zur Ausprägung des Phänomens „Weihnukka" geführt. In diesem Fest werden einfach beide Traditionen zusammengemischt und kreativ neu arrangiert.

VOLKSTÜMLICHES

Der Dezember ist voller volkstümlicher Bräuche. Dass der Dresdner Christstollen an das Wickelkind Jesus erinnern soll, gehört in den Bereich der Legende. Viel eher kommt der **STOLLEN** oder Stritzel von den Opferbroten her, die man in der letzten der Raunächte zwischen 25.12. und 6.1. für die Seelen der im letzten Jahr Verstorbenen bereitstellte. Die Opferbrote mussten haltbare Backwaren sein, da in den zwölf Raunächten das Backen streng verboten war. Die letzte der Raunächte war die spannendste. In ihr, so sagte man, können die Tiere sprechen und feiern Weihnachten (Lüttenweihnachten), Wasser kann zu Wein werden, die Natur offenbart ihre Geheimnisse, und Brot und Tierfutter, das man draußen liegen lässt, wird zum gesegneten Lebensmittel.

Als die Naumburger Bäcker 1329 das Zunftprivileg für den Stollen bekamen, war der noch ein mageres Fastengebäck ohne Butter, Zucker und Früchte. Erst mit der Zeit wurde die Köstlichkeit daraus, die wir heute kennen.

AUS ALLER WELT

Am 8.12. begehen Mahayana-Buddhisten den **BODHI-TAG**. Der Buddhismus hat ähnlich wie die Kirchen verschiedene Konfessionen ausgebildet, wobei der Mahayana-Buddhismus die weltweit am weitesten verbreitete Richtung ist. Der Bodhi-Tag wird von den Angehörigen aller Konfessionen begangen, weil er der Gedenktag des Erwachens des Stifters Siddharta Gautama zum Buddha ist.

SCHÖPFUNG

MENSCH

Am 2.12.2002 starb der Philosoph und Theologe **IVAN ILLICH** in Bremen. Sein provokantes Werk verdient eine neue und gründliche Wiederentdeckung. Als Christ und Priester stand er konsequent auf der Seite der Verfolgten und Entrechteten. Seine emanzipatorische und antihierarchische Pädagogik und sein differenziertes Bild von Medizin und Leben, Krankheit und Gesellschaft könnten in den Debatten der Gegenwart über Schule und Gesundheit (um nur zwei zu nennen) wichtige Impulse geben.

Glaube ist ein Modus des Wissens, der sich weder auf meine weltliche Erfahrung stützt noch auf das Vermögen des Verstandes. Er gründet Gewissheit auf das Wort von jemandem, dem ich vertraue, und macht dies Wissen, das auf Vertrauen baut, grundlegender als alles, was ich qua Vernunft wissen kann.

Am 11.12.1942 brachten sich **JOCHEN KLEPPER,** seine Frau Johanna und deren Tochter Renate in ihrer Berliner Wohnung mit Schlaftabletten und Gas um. Jochen Klepper hatte evangelische Theologie studiert und als Journalist und Schriftsteller gearbeitet. Seine Frau und ihre Töchter waren Jüdinnen, die unter der antisemitischen Verfolgung und Gesetzgebung des „Dritten Reiches" litten. Selbst die Ehe und die Taufe, die Johanna empfangen hatte, schützten sie nicht. Es gelang der Familie, die ältere Tochter Brigitte rechtzeitig ins Ausland zu bringen. Ein ähnlicher Plan schlug für Renate fehl. Als Klepper klar wurde, dass seine „Mischehe" zwangsgeschieden werden könnte und damit auch Johanna völlig ungeschützt vor der Deportation stehen würde, kam es zum Selbstmord der Familie.

Klepper war zu diesem Zeitpunkt ein bekannter und zugleich wegen seiner Ehe und seiner bis 1932 währenden SPD-Mitgliedschaft verbotener Autor. Sein 1938 erschienener Roman „Der Vater" über Friedrich Wilhelm I. und Friedrich den Großen hatte Furore gemacht. Trotzdem konnte er die Veröffentlichung seiner Gedichte und Liedtexte 1939 nur mittels einer Ausnahmegenehmigung erreichen. Die Texte dieses Bandes fanden schnell zur Vertonung. Heute ist Klepper nach Martin Luther und Paul Gerhardt der Autor mit den meisten Liedtexten im Evangelischen Gesangbuch.

Jochen Klepper war von tiefer Frömmigkeit. Alle Schläge, Entlassung, Erniedrigung und Demütigung ertrug er und bemühte sich, sein Leiden als Mitleiden mit dem jüdischen Volk zu deuten. Die Perversion des Judenhasses schockierte ihn und trieb ihn und seine Liebsten immer mehr in die Enge.

Sein Selbstmord bleibt eine schwere Last und bewegt und verwirrt Menschen bis heute. Sein Tagebuch, das nach Ende des „Dritten Reiches" veröffentlicht wurde, zeigt einen gläubigen, ernsten Menschen. Leider erfahren wir nichts aus der Feder Johannas oder Renates, ob der Suizid tatsächlich ihr Wille war… Diese Frage ist bisher nahezu unbeachtet, allerdings seit dem angeblichen Doppelselbstmord von Petra Kelly und Gert Bastian neu zu stellen. Die Tagebücher geben das Bild einer harmonischen Ehe und stellen die Erwägungen zum Suizid als gemeinsames Bedenken und Entscheiden dar.

Die Nacht ist vorgedrungen,

der Tag ist nicht mehr fern.

So sei nun Lob gesungen

dem hellen Morgenstern.

Auch wer zur Nacht geweinet,

der stimme froh mit ein.

Der Morgenstern bescheinet

auch deine Angst und Pein.

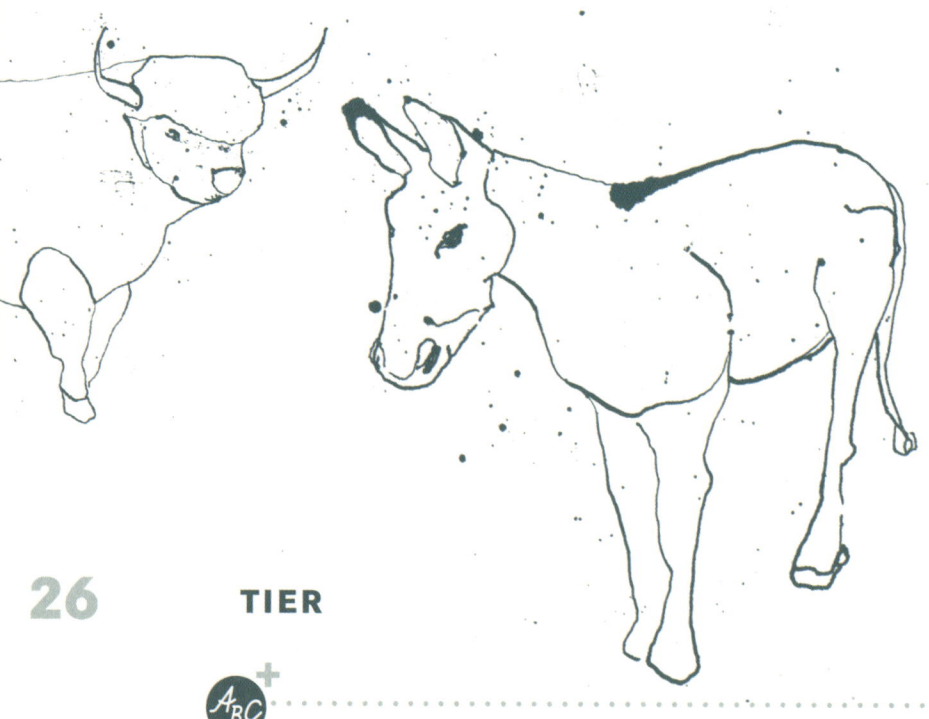

26   **TIER**

Angeblich sollen Ochs und **Esel** neben der
Krippe gestanden haben, in der Jesus nach seiner
Geburt gelegen hat. Aber die Bibel, aus der die
alte Geschichte stammt, erzählt davon nichts.
Dabei ist sich jedes Kind sicher, dass beide Tiere
dazugehören. Und es ist kein Wunder, dass der
Esel in diese besondere Rolle kommt. Er ist das
Lieblingstier der Bibel. Damals war er das Nutztier
Nummer 1. Er diente zum Reiten, zum Pflügen, zum

Lastenschleppen. Einen Esel konnten sich sogar arme Leute leisten, denn er frisst auch Disteln und Stroh und wohnte gern mit im Haus. Seine Weisheit ist enorm, schließlich soll die Eselin, die Bileam gehörte, klüger als ihr Herr gewesen sein. Sie konnte Gottes Engel sehen, der für die Augen Bileams unsichtbar war (4 Mose 22).

Heute sind Esel selten geworden. Einige Eselrassen stehen sogar auf der Roten Liste für bedrohte Haustierrassen und sind vom Aussterben bedroht. Allerdings finden Kinder Esel toll, und immer mehr Familien entdecken, dass es Spaß machen kann, mit einem Esel Urlaub zu machen und mit ihnen zu wandern. Ja! Es gibt immer mehr solche Angebote.

Du musst nur danach Ausschau halten.

Aber Vorsicht! Es stimmt. Esel sind störrisch. Manchmal machen sie nur, was sie wollen! Was dann?

PFLANZE

Die populärste Vertreterin der großen Pflanzenfamilie der Liliengewächse ist die schneeweiße **MADONNENLILIE**. Sie ist im ganzen Mittelmeerraum verbreitet, tritt aber nur noch selten wild, viel öfter als alte Kulturpflanze auf. An manchen Standorten wird sie bis 130 cm hoch. Ihre Popularität machte sie den Kirchen lange verdächtig. Sie stand im Verdacht heidnischer Bräuche. Erst im Mittelalter trat sie ihren Siegeszug als Symbolblume der Reinheit und folglich der Madonna an. Die drei Blätter der Lilie wurden in der Symbolsprache der Blumen zum Bild der Dreifaltigkeit (Trinität) Gottes. Ihr weißes Strahlen machte sie zum Bild für Licht und Glanz. Besonders dieser Aspekt hat dazu geführt, dass Lilien sehr beliebt für Sarggestecke und Grabkränze sind.

PLANET

Der Morgenstern, der in dem bekannten Lied „Der Morgenstern ist aufgedrungen" (EG 69) und auch in Kleppers Weihnachtslied „Die Nacht ist vorgedrungen" (EG 16) besungen wird, ist astronomisch gesprochen der Planet **VENUS**. Er ist längere Zeit im Jahr das vor Sonnenaufgang hellste Gestirn an unserem Himmel. Morgen- und Abendstern sind astronomisch die meiste Zeit identisch. Für die christliche Symbolik ist der Morgenstern ein Bild für Christus.

Das Weihnachtswunder lässt sich am besten als Menschwerdung Gottes beschreiben. Gott wird ein Kind. Natürlich ist das rational unvorstellbar. Aber wenn Sie ein Kind sehen und erleben, dann kennen Sie ganz sicher das Gefühl, dass Gott uns da in seine Werkstatt der Wunder blicken lässt. Dieser Zauber, der von Kindern ausgeht, kann zum inneren Verständnis von Weihnachten helfen. Dass Gott ein Kind wird, bleibt Sensation und Provokation. Und es ist ein unglaublicher Schatz. Denn es macht Gott menschlich, verletzlich, zart. Der Prozess der Menschwerdung Gottes ist übrigens noch nicht abgeschlossen. Seit den Tagen in Bethlehem kommt Gott als Mensch zur Welt. Auch bei Ihnen. Gott wird Mensch. Und Sie?

NÜTZLICHES

PERLENSTERN für Kinder ab 8 Jahren

Ein einfaches Geschenk für alle ist der Perlenstern, der aus 30 Perlen der gleichen Größe gefertigt wird. Dünner Draht, schöne Perlen mit einem Mindestdurchmesser von 4 mm sind in jedem Bastelgeschäft zu finden.

SCHRITT 1: Die erste Perle wird mit einer kleinen Schlaufe befestigt, die weiteren elf werden aufgefädelt. Der Kreis schließt sich, indem der Draht durch die erste Perle erneut hindurchgeführt wird.

SCHRITT 2: Dann werden zwei weitere Perlen gefädelt, eine Perle im ersten Kreis wird übersprungen, der Draht in die übernächste Perle eingefädelt. Dann werden wieder zwei Perlen aufgezogen, wieder wird eine Perle im ersten Kreis übersprungen, und in die übernächste Perle wird der Draht eingezogen. Insgesamt 12 Perlen werden so auf eine zweite Reihe gefädelt. Der Kreis schließt sich, indem erneut durch die erste Perle des ersten Kreises und die erste Perle des zweiten Kreises der Draht gezogen wird.

Die farbliche Sortierung spielt keine Rolle, kann aber mit zunehmender Erprobung variantenreich zur Gestaltung beitragen.

SCHRITT 3:

Dann kommt die letzte Runde mit jeweils einer Perle: Auf das freie Drahtende wird eine Perle gefädelt, dann wird der Draht durch die zweite Perle der zweiten Reihe zur dritten Perle des ersten Kreises geführt, dann zur ersten Perle des zweiten Doppels im zweiten Kreis. Auf das freie Ende kommt wieder eine Perle. Der Draht wandert zurück durch die zweite Perle des zweiten Doppels zur fünften Perle des ersten Kreises und so weiter. Der Kreis schließt sich, indem nach der sechsten einzelnen Perle auf dem sechsten Doppel der zweiten Reihe der Draht zurück zur allerersten Perle im ersten Kreis gesteckt wird. Die Drahtenden ineinander verdrehen, überstehende Reste abschneiden. Ein Fädchen durch eine der äußersten Perlen führen, verknoten. Fertig ist der Christbaumschmuck, der schön mit der Weihnachtspost verschickt werden kann.

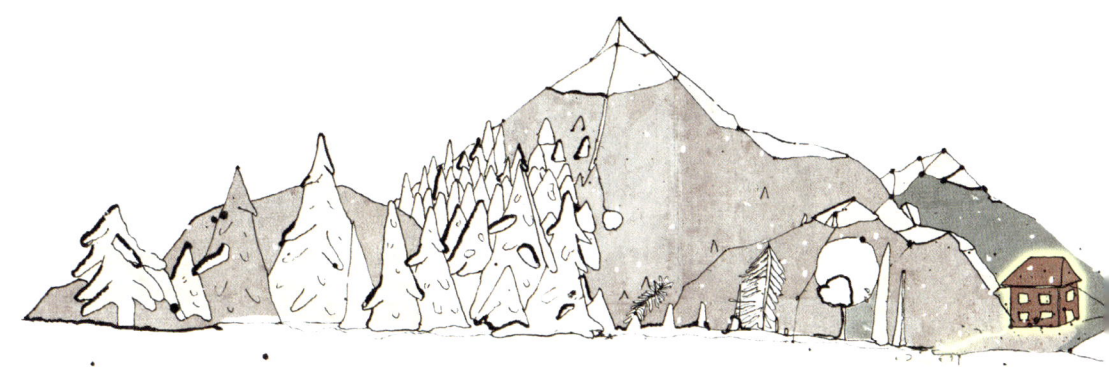

Mein Gott,

du Mensch als Mensch.

Sieh mich an.

Und mach mich menschlich.

Es weihnachtet sehr.

Gott sei Dank.

Amen.

JANUAR

ie beiden Kinder, Lisa und Björn, lagen im Doppelstockbett.

Björn oben, Lisa unten. Bei jedem Bettwäschetausch wechselten sie.

Ihre Eltern, Martha und Peter, waren in der Sauna, wollten gut essen gehen, einen Nachmittag und Abend ganz für sich sein.

Lisas Patentante Tatjana macht's möglich. Sie war am Nachmittag gekommen und hatte das Zepter übernommen.

Die Kinder waren mit ihr im Naturkundemuseum gewesen, waren an Glaskästen mit ausgestopften Tieren entlanggetrottet, hatten die naturalistischen Schaubilder von Biberbau und Waldesrand angesehen. Es war langweilig. Langweiliger als erwartet. Tatjana hatte der wachsenden Unlust der Kinder nachgegeben und den Rundgang vorzeitig abgebrochen. Sie waren mit dem Bus nach Hause gefahren und hatten Abendbrot gegessen. Es gab Pelmeni, wie immer, wenn Tatjana bei ihnen war. Teigtaschen mit Fleisch und Gemüse gefüllt, fettig gebacken und gegessen. Dazu süßen Tee, so süß, wie Martha es niemals erlauben würde. Tatjana brachte einen kleinen Samowar mit, der während des Essens vor sich hin dampfte.

Anschließend hatten sie ein bisschen ferngesehen und dann gebadet. Auch das gehörte zum Besuchsritual. Sie badeten in knallrotem oder knallgrünem oder knallblauem Badeschaum. Jedes Mal brachte Tatjana aus einem Geschäft, in dem russische Produkte verkauft werden, einen anderen Badezusatz mit. Der Schaum bildete hohe Gebirge und knisterte wie von Sinnen, wenn die Kinder sich hineingleiten ließen. Er sah aus, als wäre er aus Plastik, und hielt allem Badetrubel bis zuletzt stand. „Nix mit bio!", hatte sie – als sie das erste Mal mit diesem Zeug anrückte – Martha und Peter frech ins Gesicht gerufen und dabei die giftig aussehende Farbe ins Badewasser gekippt. Sie durfte das.

„Das machst du nicht mehr, wenn du eigene Kinder hast", erwiderte Martha bei dieser oder ähnlichen Gelegenheiten.

„Hör auf damit", antwortete Tatjana dann immer, und ihre Traurigkeit war nicht zu überhören. „Woher soll ich Kinder bekommen?" Weiter konnten die Kinder diesem Gesprächsgang nie lauschen. Waren sie in der Nähe, war an dieser Stelle Schluss. Zwischen Tatjana und Martha ging es immer wieder einmal darum. Tatjana war jetzt 40 geworden. Zu ihrer sagenhaften Lebensgeschichte und ihrem entsprechenden Temperament hatte bisher kein Mann gepasst.

Also verschwendete sie ihre freie Zeit gern an Björn und Lisa. Und verschaffte der Familie von Martha damit echte Atempausen.

Björn und Lisa lagen müde und warm vom Bad in ihren Betten.

Tatjana setzte sich auf den Boden. Erzählbereit.

„Was soll es heute sein?", fragte sie heiter.

„Wie war Weihnachten, als du Kind warst?", fragte Björn.

„Weihnachten war abgeschafft."

Überraschte Stille.

Dann kam heftiger Widerstand: „Das glaube ich nicht."

„Doch. Es gab kein Weihnachten. Christliche Feste waren in meiner Kindheit unerwünscht. Also weg damit!", sie wedelte mit der Hand, als jagte sie das Fest zum Fenster hinaus.

„Und deine Eltern? Ließen die sich das gefallen?" Lisa wusste von anderen Abenden, dass Tatjanas Eltern Deutsche waren, die aus Kasachstan nach Deutschland gekommen waren. Sie hatte herausgefunden, warum Tatjanas Vorfahren nach Russland und später noch weiter in den Osten gekommen waren. Sie wusste, dass Tatjana und ihre drei Schwestern dort geboren worden waren.

Tatjana hatte ihnen viel und immer wieder davon erzählt. Oft wurde Tatjana traurig, wenn sie lange davon sprach. „Ich habe Heimweh", sagte sie dann. „Seltsames Heimweh. Nach dem Dorf, den Tieren, den Wiesen. Und das, obwohl wir dort viel Trauriges erleben mussten. Man nannte uns Faschisten."

Björn wollte wissen, was das ist. Die Erklärung verstand er nicht.
„Und manche hassten uns, weil wir Evangelische waren."
Lisa runzelte die Stirn. Aber an diesem Abend hatte sie keine Lust zu fragen. Sie wollte hören, was mit Weihnachten in Kasachstan war.
„In Russland war schon immer erst im Januar Weihnachten. Das liegt an der russischen Kirche. Aber in Sowjetzeiten war die russische Kirche schwach. Statt Jesuskind, Maria und Josef hatten wir Väterchen Frost und Snehurka, Schneeflöckchen. Die beiden sind Märchengestalten, sehr alte, die mit den langen und harten russischen Wintern zu tun haben. Väterchen Frost und Schneeflöckchen waren bei den Leuten sehr beliebt. Aber Weihnachten konnten sie nicht ersetzen."
„Wie habt ihr dann gefeiert?", fragte Björn verschlafen.
„Geheim. In einer Wohnung, in der andere Evangelische lebten. Dort haben wir am Abend des 24. Dezember so etwas wie einen Weihnachtsgottesdienst gefeiert. Und dann sind wir nach Hause gegangen. Meine Eltern hatten die Wohnung ein bisschen weihnachtlich geschmückt. Meine Großmutter hat die Weihnachtsgeschichte aus der Bibel gelesen. Dann haben wir gesungen, gegessen, getrunken und Geschenke ausgetauscht."

„Wie wir", sagte Lisa.

„Ja. Einfacher. Viel einfacher. Aber auch sehr schön. Schulfrei hatten wir nicht."

„Wie schade. Du Arme", murmelte Lisa.

„Zum Neujahrsfest, wenn Väterchen Frost gefeiert wurde, hatten wir frei. Ich bin schon auch auf meine Kosten gekommen. Aber seltsam war es. Ach, ich erinnere mich. Schneeflöckchen sah aus wie eine Prinzessin. Und Väterchen Frost sah aus wie der Weihnachtsmann. Allerdings trug er weiße, glitzernde Mäntel. Es gab Filme mit ihnen und Abziehbilder, Bilderbücher und Geschichten. Es war märchenhaft. Aber etwas Wichtiges fehlte…", sie sprach versonnen weiter und lehnte den Kopf an Lisas Bett. Die Erinnerungen überschwemmten sie. Sie hörte, dass Lisas Atem tief und gleichmäßig ging. Björn schnarchte zart. Sie hatte eine schneeweiße Schleife im Haar und saß im großen Kulturhaus auf einem harten Klappstuhl… auf der Bühne tanzten zarte Schneeflöckchen um einen brummigen alten Mann herum. Sowjetische Weihnachten.

DIES UND DAS

Der Januar hat seinen Namen von einem römischen Gott. Der hieß **JANUS**. Er soll zwei Gesichter gehabt haben. Eins vorn dran und eins hinten dran am Kopf.

Er hatte den Überblick. Deshalb hat er die Stadttore bewacht. Er konnte nach hinten und nach vorn schauen. Vielleicht konnte er sogar in die Vergangenheit und in die Zukunft sehen?

CHRISTLICHE FESTE

Bekannter als unter dem Namen **EPIPHANIAS** ist der 6.1. als **TAG DER HEILIGEN DREI KÖNIGE.** Gegen die Popularität der Könige und der Sternensinger kann der evangelische Akzent, diesen Tag als „Tag der Erscheinung des Herrn" zu begehen, kaum etwas ausrichten. Eigentlich sind beide Bedeutungen des Tages gar keine Gegensätze, sondern können Hand in Hand gehen. Als „Epiphanie" wurde in der klassischen Antike im Rahmen der Verehrung der römischen Kaiser deren Ankunft oder ihr Besuch bezeichnet. In der alten Kirche, so wird die Kirche der ersten Jahrhunderte nach der Zeitenwende genannt, feierte man am 25.12. – also zu Weihnachten – die Menschwerdung Gottes in der Gestalt Jesu und am 6.1. – zum Dreikönigstag – die Göttlichkeit Jesu Christi. Sowohl Menschwerdung durch eine ganz und gar normale Geburt als auch die Göttlichkeit Jesu sind Aspekte ein und derselben Epiphanie, der Ankunft Gottes auf Erden.

Um die Göttlichkeit Jesu zu unterstreichen, betreten die Heiligen Drei Könige die Weltbühne. (In der Bibel sind sie von Beruf Magier und namenlos.) Sie sind die Repräsentanten der Weisheit der Welt, und sie sind in dieser Funktion die Ersten, die die Göttlichkeit des Neugeborenen in ihrer ganzen Tragweite erkennen.

Wenn in der evangelischen Kirche der Charakter des Tages als Epiphaniasfest betont werden soll, stellt sich heute die Aufgabe, das volkstümliche Weihnachten, das die Geburt Jesu als rührseliges Ereignis darstellt, mit der viel strenger und göttlich-herrschaftlicher gedachten Würde Jesu und der damit verbundenen Herausforderung, Gott auch in unserer scheinbar entzauberten und rationalen Welt als ganz und gar wahr anzunehmen, neu zusammenzubringen.

JÜDISCHES

Das **NEUJAHRSFEST DER BÄUME** (Tu be-Schewat) fällt immer auf einen anderen Tag, weil der Kalender des jüdischen Jahres ein Mondphasenkalender ist und deshalb alle Festtage beweglich sind. Trotzdem liegt Tu be-Schewat meistens im Januar. Es ist ein Vegetationsfest und höchstwahrscheinlich religions- und kulturgeschichtlich eine Antwort auf die vielen Naturfeste, die die Menschen in Kanaan zu feiern hatten, wenn sie Naturgottheiten verehrten. Heute ist es in Israel weit verbreitet, am „Neujahrsfest der Bäume" Bäume zu pflanzen. Die religiöse Bedeutung des Festes leitet sich aus dem Gebot aus 3 Mose 19, 23–25 her, das regelt, dass die Früchte neu gepflanzter Bäume vier Jahre nicht gegessen werden dürfen.

40

VOLKSTÜMLICHES

Sternsinger und C + M + B

Vor gar nicht so langer Zeit zogen arme Kinder am Dreikönigstag durch die Dörfer. Sie waren als die Heiligen Drei Könige verkleidet und bettelten an den Haustüren, um etwas zu essen.

Das hat sich geändert.

Heute werden Kinder als verkleidete Sternsinger ausgesandt, um für andere Kinder in den armen Ländern des Südens (der sogenannten Dritten Welt) Spenden zu sammeln. Sie gehen wie früher von Haus zu Haus. Sie bitten an den Türen um Geld. Und bevor sie weiterziehen, schreiben sie mit Kreide einen Segensspruch über die Haustür: Christus + Mansionem + Benedicat (Christus segne dieses Haus).

41

AUS ALLER WELT

13. 1. MAKARA SANKRANTI. Das hinduistische Fest zur Wintersonnenwende wird an dem Tag begangen, an dem nach hinduistischem Kalender die Sonne den Wendekreis des Steinbocks erreicht. Mit nach Osten gewandtem Gesicht wird etwas Wasser in die hohle rechte Hand gegossen und davon getrunken – während die vier Veden angerufen werden. Danach werden Mund, Nase, Augen, Ohren, Nabel, Hals und Handrücken mit dem Wasser besprengt, und der Boden wird mit dem dritten Finger berührt. Es beginnt die Rezitation des Gayatri-Mantras, des großen Sonnengesangs, der weder von Frauen noch von unteren Kasten gesprochen werden darf.

„Mögen wir uns in das leuchtende Licht dessen versenken, der anbetungswürdig ist und alle Welten geschaffen hat. Möge er unseren Geist erleuchten."

Dabei fließt das Wasser langsam aus der rechten Hand auf den Boden.

42

SCHÖPFUNG

MENSCH

Am 3.1.1988 starb in Düsseldorf im Alter von 86: **ROSE AUSLÄNDER.** Sie gehört zu den bedeutendsten Dichterinnen in deutscher Sprache. Ihr Leben ist ein Panorama europäischen Judentums, dessen Wurzeln in der sagenhaften und kulturell unvorstellbar reichen Bukowina (im heutigen Rumänien) liegen und bis in die USA und weit darüber hinausreichen. Sie wanderte durch die Welten. Dabei war sie meistens ungebunden und gehörte zugleich fest der Sprache und Kultur ihrer Heimat an. Immer wieder zog es sie zurück in die Bukowina, so dass sie zuletzt tatsächlich die Schrecken und Todesbedrohung der Vernichtung des europäischen Judentums durch den deutschen Antisemitismus durchleiden musste und in einem Kellerversteck nur knapp überlebte.

Sie arbeitete in unterschiedlichen Berufen und veröffentlichte schon beizeiten erste lyrische Texte. Der Durchbruch gelang ihr aber erst 1965. Zu Anerkennung und Würdigung kam es nach 1975. 1977 stürzte sie schwer. Sie beschloss, ihr Zimmer in einem jüdischen Altenheim in Düsseldorf nicht mehr zu verlassen und nur noch zu schreiben. Das tat sie bis zu ihrem Tod 1988.

„Respekt

Ich habe keinen Respekt
vor dem Wort Gott

Habe großen Respekt
vor dem Wort
das mich erschuf
damit ich Gott helfe
die Welt zu erschaffen"

44

Am 31.1.1888 starb **GIOVANNI BOSCO,** besser als **DON BOSCO** bekannt, in Turin. (Don ist der Titel, der den Namensträger als Priester ausweist.) Giovanni Bosco ist heute berühmt und wird als Heiliger verehrt. Zu seinen Lebzeiten weckten seine pädagogischen Konzepte Widerstand, und er erlebte viele Jahre der Verachtung und der Missgunst. Von ärmlicher Herkunft, war er doch mit großer Energie und Beharrlichkeit Priester geworden. Immer blieb er ein Querkopf. Als junger Priester kümmerte er sich um die Turiner Straßenjungen. Er ließ sie kurzerhand bei sich wohnen, brachte ihnen das Lesen bei und bemühte sich, für sie Ausbildungsplätze zu finden. Für seine bürgerliche Umwelt war undenkbar, was er da tat. Doch es gelang ihm, einflussreiche Fürsprecher zu gewinnen. Er konnte sein Ziel verfolgen und gründete zahlreiche Häuser für Straßenjungen, in denen diese in einer vertrauens- und respektvollen Atmosphäre leben und lernen durften. Er sorgte für faire Ausbildungsmöglichkeiten. Seine Person hatte etwas ungemein Gewinnendes. Sein Zutrauen in das Gute in jenen wilden Kerlen hat Wunder gewirkt. 1859 gründete er mit einigen Freunden und Schülern die Salesianer, nach dem französischen Heiligen Franz von Sales benannt, die heute mit etwa 17 000 Ordensangehörigen in fast 1500 Einrichtungen überall auf der Welt für das gute Schicksal von jungen Leuten arbeiten.

Boscos Pädagogik verfolgte einen völlig anderen Ansatz als in seiner Zeit üblich. Er ging von der unverletzbaren Würde der Heranwachsenden aus und verlangte, dass man ihnen mit Respekt und Liebe zu begegnen habe. So wären ihre Herzen zu gewinnen, Vertrauen könnte wachsen und das Gute würde sich durchsetzen. Das waren zu Zeiten von Züchtigung und Ausbeutung von Kindern sagenhafte Umwälzungen. Giovanni Bosco gehört zu den Wegbereitern einer wertschätzenden Pädagogik.

> *Keine eiskalten Bemerkungen,*
> *keine verletzenden Worte.*
> *Sagt dem Schuldigen einfach:*
> *„Ich bin nicht zufrieden mit dir."*
> *In neun von zehn Fällen genügt das. Macht euch*
> *vom Zustand der Ordnung*
> *kein Götzenbild. Lasst der Freiheit einen breiten*
> *Raum. Disziplin ist ein Mittel, kein Ziel.*
> *Werft den Hund ins Wasser; er schwimmt!*

A_{BC}

Gimpel (Dompfaff)

Manchmal hat man Glück und sieht am Futter-
haus einen Gimpel. Der Vogel fällt auf! Seine
Erscheinung ist ernst und würdevoll, weshalb er
auch Dompfaff genannt wird. Er hat einen dicken
Kopf und einen kräftigen schwarzen Schnabel.
Auf dem Scheitel hat er einen schwarzen Strich.
Die Federn seiner Brust sind rotbraun, die seiner
Flügel grau und schwarz, jedenfalls wenn es
ein Männchen ist. Seine Statur ist stämmig.
Er ist zurzeit nicht gefährdet, aber schon selten.
Der Gimpel gehört zur Familie der Finken und
gilt wegen seiner Bewegung und seines Verhaltens
als Sinnbild der Tölpelhaftigkeit. Mit dieser
symbolischen Bedeutung lässt sich auch sein
Erscheinen auf zahlreichen Darstellungen des
Paradieses in der Kunstgeschichte erklären.

47

48

Eisblume

Sie lebt nicht wirklich. Sie entsteht
im Winter in manchen Nächten am
Fenster. Wie? Wenn die Scheiben am
Abend beschlagen sind. Wenn kleine
Wassertröpfchen am Glas kleben.
Und wenn es dann in der Nacht sehr
kalt ist, dann werden die kleinen
Tröpfchen zu Eis. Weil die Tröpfchen
unterschiedlich groß sind, werden
die Eiskristalle unterschiedlich groß.

Die Kristalle berühren sich.

Sie fassen sich bei den Händen.

Sie sehen, wenn du nah herangehst,

wie Sterne aus. Viele sind es. Manche

sind hell, weil sie ganz dünn sind.

Andere sind dunkler, weil sie aus etwas

mehr Wasser bestehen. So entsteht

ein Bild aus Eis am Fenster. Sehr oft

sieht es von Ferne aus wie zarte weiße

Blumen. Eisblumen.

PLANET

Es gibt einen fernen Stern mit Namen GJ 436, der einen kleinen Planeten sein eigen nennt (**GJ 436 B**). Der ferne Stern ist 30 Lichtjahre von der Erde entfernt. Sein kleiner Planet ist viermal so groß wie die Erde. Das Besondere an ihm ist, dass er fast komplett aus Wasser besteht. Weil er aber seinen Stern sehr nah umkreist, ist seine Oberfläche rund 300 °C heiß. Weil der Planet schwerer ist als die Erde, ist auch seine Schwerkraft stärker. Unter der aus Wasserdampf bestehenden Oberfläche nimmt das Wasser deshalb kuriose Zustände an, die es auf der Erde nicht gibt, die die Wissenschaft erforscht und Eis VII und Eis X nennt. Seltsames Eis, das noch dazu sehr heiß sein muss.

BIBEL GEGEN DEN STRICH GEBÜRSTET

STERNE UND STERNENDEUTUNG. BIBLISCHES VERSTÄNDNIS DES HIMMLISCHEN

Der Anfang der Bibel ist in Sachen Sterne eindeutig. Sie sind von Gott an den Himmel geheftet. Sie dienen nachts der Beleuchtung. Mehr nicht. (Lesen Sie nach in 1 Mose 1,14–18.) Der Mond nützt außerdem zur Feststellung der Festzeiten. Er begründet den Kalender. Mehr nicht. Die Sonne leuchtet am Tag. Gott sei Dank. Die Bibel ist hier ganz prosaisch. Sie hat allerdings eine Absicht: Sie will die Verehrung der Sterne als Gottheiten unterbinden. Vielleicht will sie auch den Menschen die Angst nehmen? Die Angst vor der Beherrschung durch Götter und Götzen? Die Angst vor der Beherrschung durch eine vorhersehbare Zukunft, die ohnehin und ohne jeden Einfluss durch menschliches Handeln in den Sternen steht? Das passt zur Bibel. Dieses Buch ist ein Buch der Freiheit. Menschen in Knechtschaft, sei es in der Knechtschaft der Sterne oder in der Knechtschaft menschlichen Irrtums, widersprechen der unglaublichen Zumutung der biblischen Überlieferung, nämlich dass der Mensch frei ist zu leben und zu lieben.

Wenn dann Sternendeuter, Magier, wie sie auch genannt werden, zur Krippe kommen, in der Jesus liegt, dann setzt das Neue Testament nur fort, was die hebräische Bibel vorbereitet hat. Die Sterne weisen den Weg. Sie beleuchten die Szene. Sie dienen dem einen Gott, der sich in Ohnmacht in die Welt fallen lässt. „Stern über Bethlehem, zeig' uns den Weg!"

NÜTZLICHES

In manchen evangelischen Kirchgemeinden wird der **6. JANUAR** seit einigen Jahren zum Anlass genommen, die Ehrenamtlichen der Gemeinde zu ehren. Sie werden häufig eingeladen, bewirtet und mit einem kulturellen Beitrag überrascht. Sollten Sie eingeladen sein, nehmen Sie die Einladung unbedingt an! Sie ist eine gute Gelegenheit, die Kirchgemeinde wirklich in ihrer ganzen Breite kennenzulernen. Sollten Sie nicht zu den Eingeladenen gehören, dann nutzen Sie selbst den Tag und danken Sie einem Menschen, der Sie im vergangenen Jahr besonders unterstützt hat. Schenken Sie ihm oder ihr einen Stern.

Am Anfang war das Wort

und keine Gewalt.

Und du bist Gott

von Ewigkeit zu Ewigkeit.

Also auch Gott meiner Zeit

vom Anfang bis zum Ende.

Bist auch da in diesem Jahr?

Ich hoff es mehr, als ich es weiß.

Aber ich wünsch es mir sehr,

geh mit mir durch dieses Jahr.

Bitte.

Amen.

isas bestes Weihnachtsgeschenk, die Schlittschuhe, passten und flitzten mit ihr über das Eis. Die Musik versetzte sie in Traumwelten. Sie jagte ihren Freundinnen nach und machte eine gute Figur.

Als sie vom Schlittschuhlaufen auf der Eisbahn neben dem Stadtpark zurückkam, war sie durchgefroren, müde und überdreht. Sie hatte die Schlittschuhe in den Keller gebracht und sie dort am Haken zu denen ihres Vaters gehängt. Er hatte schwarze Eishockeyschuhe. Sie waren staubig und ihr Leder hatte viele kleine Risse. Ihre dagegen glänzten nass vom in der Wärme des Kellers tauenden Schnee. Und das weiße Leder war makellos. Dann hatte sie – wie immer – einen Bogen um den Fahrstuhl gemacht und war die Treppe hinaufgerannt. Schon länger hatte sie Angst vor Fahrstühlen. Als sie vor der Wohnungstür stand, die ihre Mutter nach ihrem Klingeln bereits für sie geöffnet hatte, fiel ihr ein, dass sie Björn an der Eisbahn vergessen hatte.

Mist. Diese Nervensäge.

Es hatte Streit gegeben. Sie sollte Björn mitnehmen. Er hatte auch Schlittschuhe geschenkt bekommen, aber er durfte heute noch nicht allein zur Eisbahn. Er drängelte und quengelte. Sie wollte sich nach der Schule erst umziehen, die Haare neu zusammenbinden, passende Kleidung fürs Eis aussuchen. Ihre Mutter war ungeduldig. Sie war geschafft von ihrer Arbeit als Klassenlehrerin einer vierten Klasse und sehnte sich nach Stille und einem heißen Wintertee. Lisa hatte sich gefügt, sich umgezogen und war mit ihrem Bruder losgezogen. Kaum hatten sie das Geländer erreicht, das die Eisbahn einfasste, hatte sie ihn zu seinen Kumpels ziehen lassen und ihn vergessen. Schlagartig war er aus ihrem Kopf gelöscht. Sie war auf dem Eis. Sie traf ihre Freundinnen. Manchmal nahm sie die kleineren Jungs aus den Augenwinkeln wahr. Die meiste Zeit aber war sie in einer reinen Mädchenwelt versunken. Sie sprach nicht viel. Sie war ein stilles Mädchen. Aber sie bewegte sich gern. Sie war schnell und geschickt.

Als es zu dämmern begann und die größeren Mädchen aufs Eis drängten und die großen Jungs an den Planken ihre Plätze bezogen, zogen ihre Freundinnen und sie heimwärts. Die Schlittschuhe baumelten schwer über ihre Schultern. Die Müdigkeit kroch sie an. Sie plapperten noch ein bisschen, und eine nach der anderen verschwand in den heimatlichen Eingangstüren. Bis auch sie zu Hause angekommen war.

Und jetzt fiel ihr Björn wieder ein.

Sie hatte ihn vergessen. Vergessen! Wie kann man einen kleinen Bruder vergessen?

Sie erschrak. Vielleicht ist er allein vor mir zurückgekehrt? Eine kleine Hoffnung flammte auf. Sie zerfiel rasend schnell, als ihre Mutter sie begrüßte und nach Björn fragte.

Der Blick aus dem Küchenfenster zeigte, dass es draußen dunkel war. Das Gesicht ihrer Mutter nahm einen besorgten Ausdruck an. Besorgt und wütend.

Sie kleideten sich wieder an. Ihr Vater kam auch mit. Seine schweren Schritte bedrückten sie besonders. Seit ein paar Wochen fiel ihm das Gehen schwerer. Manchmal konnte er ein Bein nicht bewegen. Sie hatte Angst vor seiner Krankheit.

Er nahm den Fahrstuhl. Sie stieg gemeinsam mit ihrer Mutter die Treppen hinab.

„Wo hast du ihn zuletzt gesehen?", fragte sie Lisa.

„Auf der Eisbahn", antwortete sie.

„Gab es Streit?", fragte ihre Mutter weiter.

„Nein. Er war bei seinen Freunden. Ich bin rumgefahren. Die Musik war schön."

Den Weg durch das Wohngebiet gingen sie wortlos. Die Straßenbeleuchtung schnitt orangefarbene Kreise aus dem Schnee. Die erleuchteten Fenster sahen gemütlich aus. Man konnte Menschen dahinter hin und her gehen sehen. Manche saßen an Tischen und aßen. Eine Kerze brannte.

Die Eisbahn war von fern zu hören. Die Musik war lauter geworden und hatte eine andere Gangart. Stimmen mischten sich darunter. Lachen. Grölen. Die Fläche war voller Menschen, die im kalten, weißen Licht der Beleuchtung wie bei einem großen Tanz aufeinander zu- und voneinander wegliefen, sich berührten, sich losließen, kleine Haufen bildeten und einzeln dunkle Bahnen zogen, um wieder in der Menge zu verschwinden.

Martha hatte den ganzen Weg aufmerksam nach allen Richtungen Ausschau gehalten. Björn konnte irgendwo mit seinen Freunden unterwegs sein. Er konnte spielend die Zeit vergessen haben, konnte aber auch vor Angst und Verlassenheit weinen. Er war kein Kleinkind mehr, er kannte den Heimweg. Sie hatte die beiden zusammen losgeschickt, damit er ganz sicher hin- und zurückkam. Eigentlich konnte er das schon allein. Aber sie spannte Lisa gern für die Aufsicht ein. Sie wusste, dass das nicht ganz richtig war. In ihre Angst und Unruhe mischte sich auch noch das schlechte Gewissen.

Peter blieb stumm. Er hatte Mühe, den Schritten der beiden zu folgen. Er fühlte einen tiefen Grimm, der wie ein schwerer, großer, dunkler

Hund in seiner Brust saß und vor sich hin knurrte. Er hatte Mitleid mit Lisa. Er hatte Angst um Björn. Er sah Martha und seine Tochter im abendlichen Licht der wechselnden Beleuchtung. Er sah den Winter und spürte, wie die Zeit verging. Manchmal zuckte ein Schmerz durch seinen Leib. Kurz wie ein Blitz, verheerend wie ein Orkan.

eben der Eisbahn hatten drei Bretterbuden ihre kleinen Verschläge heruntergelassen. Es wurden Bier und Grog ausgeschenkt. Es duftete nach Bratwurst. Menschengruppen standen herum. Ein lebhaftes Gewimmel. Durch Kälte und Schnee hatte das Treiben etwas Friedliches. Die dicke Kleidung verwandelte die Leute in fast plumpe Bären. Die Mützen und Kapuzen gaben ihnen ein niedliches Aussehen.

Sie wollten zur Eisbahn gehen und mussten dazu an den kleinen Buden vorbei. Sie suchten sich einen Weg durch die Menschen. Auf dem heruntergelassenen Brett beim Ausschank saß Björn. Seine Beine baumelten in der Luft. Seine Augen glänzten. Er hatte eine rote Nase und grinste fröhlich. Als er seine Eltern und seine Schwester erblickte, hob er übermütig beide Arme und winkte ihnen zu.

DIES UND DAS

Der römische Kalender ist älter und anders als unser gregorianischer. Als der römische Kalender noch Geltung hatte, war der **Februar** der letzte Monat im Jahr. (Wie heute der Dezember.) Die Menschen sprachen Latein, so wie die Leute heute Deutsch oder Französisch oder Chinesisch sprechen. Wenn Februar war, dann wurden besondere Feste gefeiert, in denen man auf das Jahr zurückblickte und um Entschuldigung für das bat, was man falsch gemacht hatte. Danach konnte man sich wieder gut fühlen, wie gereinigt. Reinigung heißt in der lateinischen Sprache februare. Das entsprechende Fest hieß **Februa**. Daher kommt der Name des Monats. Der hat sich bis heute erhalten, obwohl sich der Kalender in den zwei Jahrtausenden, die seitdem vergangen sind, mehrmals verändert hat.

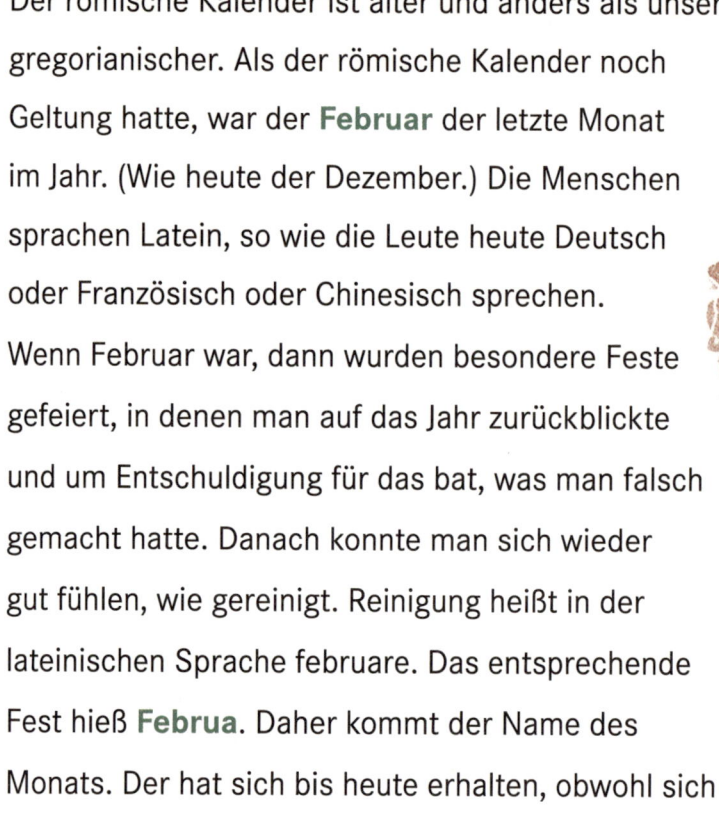

FEBRUAR

WISSENSWERTES

Am **13.2.1945** wurde Dresden bei einem Bombenangriff der Alliierten völlig zerstört. Die malerische Innenstadt, die Frauenkirche, die Gemäldegalerien, der Zwinger, die Semperoper – alles Schutt und Asche. Die Elbe brannte. Steine schmolzen. Zehntausende kamen um. Heute noch kann man in der wiederaufgebauten Kreuzkirche am Altmarkt geschmolzene Steine sehen. Man hat sie zur Mahnung im Mauerwerk wiederverwandt.

Nach der Kapitulation und dem Ende des „Dritten Reiches" begann der Wiederaufbau. Und es begann ein Prozess der Annäherung zwischen Dresden und Coventry, der britischen Stadt, die im Bombenhagel deutscher Bomber zerstört worden war.

Seit den achtziger Jahren gab es Jahr für Jahr am Gedenktag des Bombardements an der Ruine der Frauenkirche eine Kerzendemonstration junger Christen und Christinnen, die für das Ende der atomaren Aufrüstung und gegen den Kalten Krieg still protestierten. Nach 1989 begannen die Bemühungen, aus dieser Ruine wieder eine Kirche des protestantischen Bürgertums zu machen, ohne dabei die Geschichte der Friedensdemonstrationen zu vergessen. Es ist vollbracht! Seit dem 30.10.2005 krönt die sagenhafte Kuppel dieses Monumentalbaus das Weichbild der schönen Stadt am Fluss. Das Kuppelkreuz kommt aus Coventry. Der Schmied Alan Smith, der es mit traditionellen Techniken geschmiedet hat, ist der Sohn eines britischen Bomberpiloten, der am 13.2.1945 über Dresden Bomben ausklinkte und aus dem Entsetzen heraus, das ihn damals befiel, sein Leben in den Dienst des Pazifismus und der Versöhnung stellte.

CHRISTLICHE FESTE

ASCHERMITTWOCH (FRÜHJAHRSBUSSTAG)

Sieben Wochen vor Ostern beginnt die Fastenzeit. Sie dauert 40 Tage, wobei die Sonntage nicht mitgezählt werden, denn sonntags muss nicht gefastet werden. Der erste Tag der Fastenzeit ist der Aschermittwoch. In der evangelischen Tradition heißt er Frühjahrsbußtag und soll – so wie der Herbstbußtag (Buß- und Bettag) – als ein Tag angesehen werden, der zu einer Zäsur einlädt. Lassen Sie sich unterbrechen. Halten Sie an und inne. Der Bußtag lädt zum Bedenken von Fehlern und Schuld ein. Unser Leben ist voll davon. Meistens gehen wir darüber hinweg. Am Bußtag nicht. In der katholischen Kirche werden die Menschen, die an diesem Tag die Messe besuchen, vom Priester mit einem Aschekreuz auf der Stirn gezeichnet. Dabei sagt man: „Bedenke, Mensch, dass du Staub bist und zum Staub zurückkehren wirst." Da ist was dran. Das Aschekreuz ist ein sprechendes Bild.

In der anschließenden **FASTENZEIT** passten vegetative Bedingungen und religiöse Deutungen zusammen. Katharina von Bora, die Ehefrau Luthers, soll gesagt haben: „Vor leeren Töpfen ist gut fasten." Tatsächlich sind zur Fastenzeit in bäuerlichen Haushalten die Vorräte aufgebraucht gewesen. Heute sind die Supermarktregale niemals leer. Fasten ist schwer. Die evangelische Kirche lädt seit einigen Jahren zur Aktion „Sieben Wochen ohne..." ein und bemüht sich, Verzicht auf etwas, das Sinn und tiefere Bedeutung hat, als neue und zeitgemäße Form des Fastens zu etablieren. Mit Erfolg (siehe www.7wochenohne.de).

Der Aschermittwoch könnte zum Auftakt für eine besonders bewusst erlebte Zeit werden: eine Zeit ohne Fernseher, eine Zeit ohne Auto, eine Zeit ohne Streit oder ... Ideen gibt es viele. Machen Sie mit!

Purim

Esther gehörte zum Volk Israel. Im persischen Königreich war sie eine Ausländerin, eine Fremde. Aber weil sie so schön war, dass sogar die Vögel vor Staunen verstummten, wenn sie vorbeiging, hatte der König sie heiraten wollen. Und so war sie Königin von Persien geworden. Das jüdische Volk, das etwa um 300 vor Christus in Persien lebte, wurde gehasst. Es gab böse Pläne. Alle jüdischen Männer, Frauen und Kinder sollten ermordet werden. Esther erfuhr davon. Sie hatte Angst. Angst um sich. Angst um ihr Volk. Sie betete zu Gott.

>

Sie bat Gott um Kraft. Mutig und schön ging sie und verlangte, dass sie zum König gelassen würde. Man tat ihr die Türen auf. Sie ging und sagte: „Mein König. Mein Mann. Ich höre, dass die Juden ermordet werden sollen. Ich bin auch Jüdin. Tötet mich ebenfalls oder lasst mein Volk leben." Der König war von ihrem Mut begeistert. Er liebte sie gleich noch mehr. Und er nahm den Befehl zurück. Keinem jüdischen Menschen durfte auch nur ein Haar gekrümmt werden. Königin Esther hatte ihr Volk gerettet. Mit Gottes Hilfe.* Deshalb feiern bis zum heutigen Tag alle Juden und Jüdinnen das Fest Purim. Die Kinder verkleiden sich als Königin Esther, als König oder böse

Soldaten. Sie spielen die Rettung nach.

Sie wollen nicht vergessen, wie Gott ihnen

geholfen hat.

*Nachzulesen im Buch Ester in der hebräischen Bibel

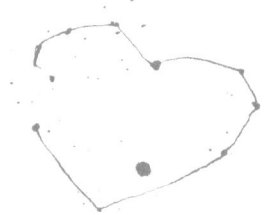

VOLKSTÜMLICHES

VALENTINSTAG

Um 270 nach Christus soll in Rom ein Mönch namens Valentin gelebt haben, der anderen Menschen gern Blumen schenkte. Das ist noch nicht besonders überraschend. Aber als er es gewagt haben soll, ein Paar auf dessen ausdrücklichen Wunsch hin nach christlichem Brauch zu verheiraten, geriet er in Gefahr. Er wurde ermordet. Das Christentum war noch einige Zeit vom Status der Staatsreligion entfernt, und die Geschichte gehört in die Zeit der Christenverfolgung.

Im Mittelalter begann man in Frankreich und England am Gedenktag dieses Heiligen, Frauen mit Blumen zu beglücken. Im 19. Jahrhundert bevorzugte man den Kartengruß mit Liebesgrüßen. Seit 1950 taucht der Tag in Deutschland auf. Er wird besonders von Blumengeschäften und Süßwarenherstellern beworben … ein Schelm, wer Böses dabei denkt.

AUS ALLER WELT

Das **TIBETISCHE NEUJAHRSFEST** ist eines der bedeutendsten tibetischen Feste und wird – in Abhängigkeit vom Mond – meist zwischen unserem Februar und März gefeiert. Der tibetische Kalender ist ein Mondkalender und unterscheidet sich grundlegend von unserer Vorstellung von Zeit.

Das Neujahrsfest dauert einige Tage. Pilger und Pilgerinnen reisen zu bedeutenden Klöstern, um dort an Gebeten und Tänzen teilzunehmen. Eine lange Prozession vorbei an Gebetsmühlen gehört ebenso zum Fest wie das Schauspiel eines sagenhaften Tanztheaters, das von Tänzern in prächtigen Kostümen über Stunden kunstvoll aufgeführt wird. Der Kampf zwischen Gut und Böse ist Gegenstand des Tanzes. Yama, der Herr des Todes, spielt die Hauptrolle. Tausende sehen gebannt zu.

66

SCHÖPFUNG

MENSCH

PAULA MODERSOHN-BECKER ist eine bedeutende deutsche Malerin. Sie wurde am 8. 2. 1876 in einem weltoffenen Elternhaus in Dresden geboren. Ihr Talent wurde früh entdeckt und gefördert. Sie belegte Mal- und Zeichenkurse in Bremen und Berlin, reiste nach Paris und nach Worpswede, einer Künstlerkolonie in der Nähe Bremens. Dort freundete sie sich mit der Bildhauerin Clara Westhoff an und lernte ihren späteren Mann Otto Modersohn kennen, den sie 1901 heiratete. Otto Modersohn finanzierte von da an ihre künstlerische Karriere, weil er von der außerordentlichen Begabung seiner Frau überzeugt war. Ihre Bilder sind farbstark und auf das Wesentliche konzentriert. Sie bildet die Welt ab und verfremdet sie doch ins Existenzielle hinein. Zahlreiche Kinderbilder, aber auch Stillleben, Porträts und Landschaftsbilder gibt es von ihr. Obwohl sie bereits mit 31 Jahren nach der Geburt ihrer Tochter Mathilde starb, hat sie ein umfangreiches Werk hinterlassen. Leider wurde ihr zu Lebzeiten keine Anerkennung zuteil. Im Gegenteil: Sie musste dumme und arrogante Kommentare zu ihren Ausstellungsbeiträgen ertragen.

Trotzdem hat sie ihre künstlerischen Ziele energisch verfolgt. Sie war immer auf der Suche nach Anregungen und hat sich durch das Studium der Kunstgeschichte in den Museen von Paris tief und reich bewegen lassen. Ihre Bildsprache ist von großer Ehrlichkeit und Menschlichkeit geprägt. Ihr letztes Werk zeigt eine alte Bäuerin inmitten ihres Gartens vor großen Mohnblüten. Ihre Arbeitshände im Schoß halten die Rispe der Blüte eines Fingerhutes. Nach ihrem Tod hat sich ihr Mann sehr um die Anerkennung seiner Frau bemüht. Mit Erfolg. Heute ist ihre Bedeutung unstrittig.

 *…Ich weiß, ich werde nicht sehr lange leben. Aber ist das denn traurig? Ist ein Fest schöner, weil es länger ist? Und mein Leben ist ein Fest, ein kurzes, intensives Fest… Und wenn nun die Liebe mir noch blüht, vordem ich scheide, und wenn ich drei gute Bilder gemalt habe, dann will ich gern scheiden mit Blumen in den Händen und im Haar.*

Die Anschauung

ist das Fundament

der Erkenntnis.

Am 17. 2. 1827 starb einundachtzigjährig **JOHANN HEINRICH PESTALOZZI** in Brugg im Kanton Aargau in der Schweiz. Sein Großvater war reformierter Pfarrer gewesen. Pestalozzi gilt als Begründer der Elementar- und der Reformpädagogik. Ihm war die praktische Realität seiner pädagogischen Bemühungen wichtig und vorrangig vor aller universitären Theorie, so dass er selbst seine Studien an der Universität nicht beendete, sondern früh mit der Umsetzung seiner Ideen begann. Einige seiner Lehranstalten und Waisenheime mussten rasch ihre Pforten wieder schließen, weil ihm das Geld ausging. Seinen Zeitgenossen war er ein Dorn im Auge, ein Spinner. Seinen eigenen Sohn hat er leider mit seiner Erziehung nicht glücklich gemacht, weil er ihn im Überschwang und in unrealistischer Einschätzung der Möglichkeiten der Pädagogik fast lieblos und sicher auch missbräuchlich großzuziehen versuchte.

Dennoch sind seine Entdeckungen der natürlichen Neigung zum Lernen, die durch eine behutsame Pädagogik zu fördern ist, und seine Forderung nach einer Elementarbildung, die den Menschen befähigt, sich selbst zu helfen, grundlegend geworden. Die gleichberechtigte Förderung von Kopf (Seele), Verstand (Geist) und Hand ist ihm für die Entwicklung des Kindes wesentlich und soll sich in allem pädagogischen Handeln niederschlagen.

In Pestalozzis Werk gibt es einen dezidierten religiösen Bezug. Die Liebe, die zur Hauptkraft der Erziehung werden soll, hat ihren Ursprung in Gott. Gottesliebe erweckt Menschenliebe und Respekt vor den Mitmenschen.

TIER

Im Februar kommen die ersten Zugvögel nach Deutschland zurück. Sie singen noch nicht. Aber man kann einige mit etwas Glück beobachten. Die **LERCHE** ist klein bis mittelgroß. Sie hat ein braun-graues Federkleid an, wobei der Bauch etwas heller und einfarbig ist, die Flügel hingegen durch den Wechsel von hellen und dunkleren Federn ein gestreiftes Aussehen haben. Auf dem Kopf trägt sie ein kleines Federhäubchen. Sie lebt und bewegt sich gern am Boden. Sie hüpft nicht, sondern läuft. Zum Singen „schwingt sie sich in die Luft", wie Paul Gerhardt in „Geh aus, mein Herz" gedichtet hat (EG 508). Aber das tut sie erst im Sommer. Bei großer Hitze steht sie gern mit flatternden Flügeln über dem Feld und zwitschert aufgeregt und laut.

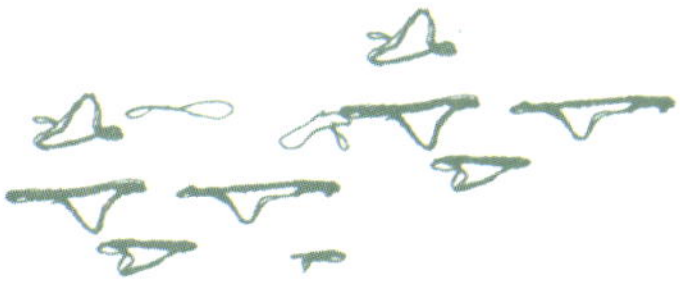

71

Die Lerche schwingt sich in die Luft,

das Täublein fliegt aus seiner Kluft

und macht sich in die Felder.

Die hochbegabte Nachtigall

ergötzt und füllt mit ihrem Schall

Berg, Hügel, Tal und Felder.

Wenn der Winter geht, kommen die
ersten Blumen. Die allerersten sind
die Schneeglöckchen. Gleich nach
ihnen kommen die **Winterlinge**. Zuerst
stecken sie kleine, etwa murmelgroße
grüne Köpfe aus der Erde, die auf einem
kräftigen Stängel sitzen. Eines Morgens
springen sie in der Sonne auf und
zeigen sechs leuchtend gelbe glänzende
Blütenblätter. In der Mitte der Blüte siehst
du die Staubblätter. Wenn es kühler wird,
schließen die Winterlinge die Blüten und
stehen als gelbe Kügelchen dicht am
Boden. Um ihren Stängel haben sie jetzt
einen Kranz aus grünen Blättern wie

einen Kragen liegen. Die Winterlinge

treten immer in Gruppen auf. Manchmal

in Massen. Wenn sie verblüht sind, wird

der grüne Blattkragen noch eine Weile

zu sehen sein.

PLANET

Am 18.2.1930 wurde der neunte Planet unseres Sonnensystems entdeckt und **PLUTO** getauft. Im Jahr 2006 verlor er seinen spektakulären Namen und erhielt die Nummer 134 340. Er gilt als zu unbedeutend und zu klein, um ihn mit einem echten Namen zu ehren. Er besteht aus Eis und Fels.

BIBEL GEGEN DEN STRICH GEBÜRSTET

BIBLISCHE BÄUME
VOLLER ÄPFEL DER ERKENNTNIS

Im legendären Garten Eden stehen viele Bäume. Die Menschen und die Tiere essen ihre Früchte, denn das Leben ist noch ganz und gar vegetarisch. Fleischverzehr tritt erst nach der Sintflut auf den Plan, ebenso wie die Angst der Tiere vor den Menschen erst dann ihren Anfang nimmt (1 Mose 9,2 + 3).

Zwei Bäume in Eden haben Namen: der Baum der Erkenntnis von Gut und Böse und der Baum des Lebens (1 Mose 2,9). Die Frau, die Gott Adam gegeben hat, hat großen Appetit auf Erkenntnisse und muss von der Schlange wahrlich nicht lange beredet werden, um von jener Frucht, die seitdem ein Apfel sein soll und es doch nicht war, zu essen. Ihr Mann nimmt willig, was sie ihm anbietet. Und beiden tun sich die Augen auf. Sie erkennen sich als nackt, als Mann und Frau, als Menschen im Gegenüber zu Gott. Die Geschichte der Menschheit beginnt erst mit dem Verzehr der Frucht. Vorher war es langweiliges Paradies. Jetzt wird es spannend. Alles, was das Leben ausmacht, steckt in diesem Baum und seinen Früchten. Nur nicht: der Sieg über den Tod. Den verheißt der Baum des Lebens. Damit aber die Menschen nicht von diesem Fluch befallen werden, ewig zu leben, sperrt Gott sie für immer aus dem Garten aus. Die beiden mit Feuerschwertern bewaffneten Engel vor der Tür sprechen für sich. Kein Reinkommen mehr. Gott sei Dank.

Die Folgen des Fruchtverzehrs sind viele. Manche davon sind hart. Aber ein lebendiges Leben ist nach Eden möglich. Eva, der Mutter alles Lebendigen, sei Dank.

Mit den Bäumen der Bibel ist es damit nicht getan. Neben dem in Israel hoch geschätzten Ölbaum, der reichlich Frucht gebend ein Segen ist (Ri 9,8–15), kennt die Bibel die Zedern des Libanon, deren stattliche Gestalt im Hohelied der Liebe Vorbild für den schönen Geliebten sind (Hld 5,15). Von besonderer Bedeutung ist auch die Palme der Deborah, einer Prophetin in Israel. Sie saß unter ihr und hielt Gericht (Ri 4,5). Dorthin kommen die vom Krieg bedrohten Menschen Israels und bitten sie um Hilfe. Deborah nimmt die Aufgabe an und wird zur ersten Heerführerin der Geschichte. Zum letztlichen Sieg allerdings verhilft ihr eine weitere Frau. Jael, schön und klug, steht am Eingang ihres Zeltes. Sie ist keine Frau aus dem Volk Israel, sondern Keniterin. In ihr Zelt flieht der gefürchtete Feind Israels Sisera. Jael wird ihn im Schlaf ermorden (Ri 4,17–22). Und alle Feinde zerstreuen sich im Land.

Die Bäume klatschen in die Hände vor Freude (Jes 55,12).

Im Neuen Testament ragt besonders das Gleichnis vom wilden Ölbaum, der in den guten hineingepfropft ist, heraus (Röm 11,17). Mit diesem Bild will die Gemeinde des Paulus, aus deren Gespräch das Bild stammt, anderen Menschen, mit denen sie um den Glauben an Jesus, den Messias, ringt, verdeutlichen, in welchem Verhältnis die Heiden (die nichtjüdischen Menschen) zu den Menschen aus dem Volk Israel (den jüdischen Menschen) stehen. Der wilde Ölbaum sind die Heiden.

NÜTZLICHES

SCHNEELATERNEN
VERZAUBERN DEN ABEND

Kippen Sie kaltes Wasser auf den Schnee im Garten oder auf dem Balkon. Stechen Sie Quader aus. Bauen Sie ein kleines Iglu, groß genug, um eine Kerze hineinzustellen. Denken Sie daran, eine Öffnung zu lassen, für Kerze und Sauerstoff. Zusätzliche Festigkeit erreichen Sie, wenn Sie das Bauwerk erneut mit kaltem Wasser begießen. Dann die Kerze rein. Anzünden. Und im Dunkeln über das schöne warme Licht aus der kalten Höhle staunen. Sie können die Kerzen brennen lassen, wenn Sie mit ausreichend viel Schnee gearbeitet haben. Ein schöner Gute-Nacht-Gruß: Wir gucken noch mal nach unserer Kerze!

In mich selbst verkrümmt

komm ich auf meine Schuld

zurück

komm nicht los

komm nicht davon

es sei denn

Du

löst mich

zeigst mir den Weg

Vergebung und Gnade

schmecken meiner Seele

machen mich gesund

für ein Leben

mit Menschen

MÄRZ

itten im März ist Scheidungstag. Fünfzehnter Dritter.

Er kann das nicht vergessen.

Sonja war eine große Liebe und eine große Frau. Schön.

Und sie waren zusammen jung.

Klingt kitschig, dachte er. Ist aber verdammt noch mal wahr.

Mit Martha geht es ihm gut. Besser als jemals mit Sonja. Aber mit Martha ist er alt geworden.

Jetzt ist er 48. Wirklich alt ist das nicht.

Ich weiß. Aber es fühlt sich so an. Die Kinder sind schon so groß. Es ist viel Zeit vergangen. Marlene ist im Februar 17 geworden. Ein Jahr noch und sie ist volljährig.

Sonja hatte er auf der Straße gesehen und sie nicht mehr vergessen. Nach ihr gefahndet, bis er sie gefunden hatte.

Dann sind sie zusammengekommen. Sie war seine erste Frau.

Sie gehört zu seinem Leben. Er spürt es. Täglich.

Es ist seltsam. Manchmal denkt er, ob er damit falsch liegt.

Aber sie ist immer noch ein Teil von ihm. Es wäre dumm, das zu leugnen.

Nicht nur ihre gemeinsame Tochter Marlene, die Sonja natürlich sehr ähnlich sieht, sorgt dafür.

Nein. Seine eigenen Erinnerungen sind das. Sein Gedächtnis, sein Nachdenken, sein Körper, seine Seele. Er sehnt sich nicht. Er weiß nur, dass es mehr als eine Liebe geben kann.

Ich bin immer noch ein bisschen mit ihr verheiratet.

Denkt er manchmal.

Er schämt sich nicht dafür. Er denkt, dass es eben so ist.

Sie waren zusammen. Sie haben sich geliebt. Sie haben ein Kind gezeugt.

Sie haben gelacht und geweint. Geredet, gestritten, gekämpft und geträumt.

Das alles macht er jetzt auch mit Martha.

Mit Martha hat er sogar zwei Kinder. Es geht ihm gut mit ihr.

Er liebt sie. Sehr.

Aber es ist das zweite Mal. Und Sonja war die Erste. Immer.

Das kann er nicht vergessen.

Als Marlene geboren war, wurde es schwierig.

Und mit der Zeit wurde es schrecklich.

Zwischen sie trat ein tiefes Schweigen. Sonja wurde anders. Er ganz sicher auch. Für ihn war es unerträglich. Für sie auch.

Marlene wurde zwei, als sie sich trennten. Es hatte viel Streit gegeben. Fast stillen anhaltenden Streit.

Mit vielen Missverständnissen und Beschuldigungen.

Sinnlos. Denkt er heute.

Aber das Leben lebt. Es ergibt sich dies und das.

Sie waren getrennt. Und es war gut.

Dann traf er Martha. An der See. Und sie gefiel ihm. Sie passten gut zueinander. Das stellten sie schnell fest. Sie war seine zweite Liebe. Eine Liebe mit Vernunft.

Es hält sie viel zusammen. Nicht nur Lisa und Björn.

Auch ihr Lebensstil passt, ihre Träume und Ziele ähneln sich.

Sie wählen die gleiche Partei. Sie haben mehr als nur Verständnis füreinander.

Sie teilen viele Seiten des Lebens.

Er liebt es, mit ihr zu laufen. Sie gehen spazieren und reden.

Das gab es mit Sonja nie.

Er geht gern mit ihr schwimmen. Er singt mit Martha.

Das gab es mit Sonja nie.

s gibt auch mit Martha Dinge und Sachen zum ersten Mal.
Aber die erste Liebe schmeckt anders. Riecht anders.
Hinterlässt andere Spuren.
Er wehrt sich nicht mehr gegen die Trauer am fünf-
zehnten Dritten.
Er lässt sie kommen und wieder gehen.
Untreue ist das nicht. Sagt er deutlich zu sich selbst.

Martha weiß, dass dieser Tag ihn Jahr für Jahr bekümmert.

Ein Stück Leben, das nicht gelungen ist. Solche Lücken schmerzen.

Es ist seltsam.

DIES UND DAS

Der **MÄRZ** hat seinen Namen von einem Gott namens Mars, der in der römischen Götterwelt für Krieg und Wetter zuständig war. Und tatsächlich kann's im März manchmal nach einem Kampf zwischen Frühling und Winter aussehen.

Manche Menschen sagen „Lenz" zum Frühling. Wenn dann der März der **LENZMONAT** heißt, ist das kein Wunder. „Der hat einen Lenz" ist wiederum eine Redewendung für Glück und Leichtigkeit und klingt ein bisschen nach Neid. Oder?

CHRISTLICHES

PASSIONSZEIT ist mehr als Fastenzeit. Warum sollen wir sieben Wochen lang an die Geschichte von Jesu Leiden denken, die so grauenhaft ist, wie Folter eben ist, die so grausam ist, wie Mord eben ist? Warum? Was sollen wir vergegenwärtigen? Bedenken wir die Zeit als Fastenzeit, dann geht es heute um Besinnung, Konzentration, Bereitschaft zum Verzicht. Das leuchtet ein und findet mehr und mehr Anhänger und Anhängerinnen.

Aber was bedeutet diese Zeit als Passionszeit?

Es geht wohl darum, das Leiden, das die Erde und die Menschen kennen, nicht zu vergessen. Die Neuzeit macht Leid gern unsichtbar. Entweder durch eine Bilderflut, die letztlich blind macht, oder durch Verschweigen und Verbergen. Seit Urzeiten ist Gott aber im Leiden erkennbar. Das unschuldige Leiden ist ein Gesicht Gottes. Die *memoria passionis*, das Erinnern des Leidens, ist deshalb eine Form der Gottesverehrung. Die schuldlos Leidenden, die Gefolterten, die Ausgebeuteten werden nicht vergessen. Sie treten als Gottes Kinder hervor. Ihr Unvergessensein macht die sich erinnernden Menschen erst zu Menschen. Gott stört. Gott stört uns in unserer Selbstbezogenheit auf. Gottes Geschichte ist eine Geschichte der Niederlage, die am Kreuz kulminiert. Mit Gott lassen sich keine Siege erringen. Gott lässt sich nicht von den mächtigen Machern der Geschichte vereinnahmen, die ihre Opfer in den Massengräbern dem Vergessen überlassen wollen. Gott sieht hin. Passionszeit ist Zeit für die *memoria passionis*.

84

JÜDISCHES

Das jüdische Fest **PESSACH** ist ursprünglich ein Naturfest zur Gerstenernte, dessen Termin vom Neujahrsneumond abhängt. Im Laufe der Zeit hatte sich daraus ein Wallfahrtsfest entwickelt, in dessen Mittelpunkt die Erinnerung an den Exodus, den Auszug des Volkes Israel aus dem Sklavenhaus Ägypten, stand und steht (nachzulesen im 2. Buch Mose). Mann, Frau, Kinder – alles lief und zog nach Jerusalem, um an Pessach im Tempel sein zu können. (Jesus und seine Leute übrigens auch.)

Nach der Zerstörung des Tempels 70 n. Chr. durch die Römer und nach dem damit einhergehenden Ende des Tempelkultes kam es zur Herausbildung der Synagoge mit ihrem Synagogalgottesdienst. Damit hat sich der Charakter des Festes erneut verändert. Es wanderte ins Private und wurde ein häusliches Fest, das im Wesentlichen von den Familien zu Hause gefeiert wird. Sein inhaltlicher Schwerpunkt ist nach wie vor die Erinnerung an Gottes rettendes Handeln, das mit einer Vielzahl schöner Symbole und Geschichten einhergeht – mit etlichen Gläsern Wein, mit Bitterkräutern und einer Süßspeise, die aussehen muss wie Lehm, aus dem „die Kinder Israels die Pyramiden bauen mussten". Die Familie versammelt sich um den festlichen Sedertisch. Die Kerzen werden von der Hausfrau entzündet. Ein Kind fragt: „Warum ist diese Nacht anders als die in anderen Nächten?" Damit beginnt das Drehbuch. Pessach bündelt auf einmalige Art und Weise die Begabung des Judentums zu einer vergegenwärtigenden Kultur der Erinnerung, die aus unvorstellbarem Leid (die Erinnerung an Ägypten kann heute durch die Erinnerungen an Pogrome, Verfolgung und Holocaust ergänzt werden) erzählte und verstehbare, klagbare und erträgliche Geschichte macht. Ja. Es gelingt dem sich erinnernden Volk sogar, immer wieder Gott als rettende Kraft zu erkennen. Trotz allem.

85

VOLKSTÜMLICHES

86

Der **SAATGANG** ist eine Tradition, die durch die Industrialisierung der Landwirtschaft fast verloren gegangen ist. Als das Wunder des Jahreszeitenwechsels und die Freude über die zurückkehrende Fruchtbarkeit der Felder für die bäuerliche Gemeinschaft noch wesentlich waren, zogen Menschen mit Fackeln durch die Felder und weckten symbolisch die Saat. Sie vertrieben den Winter. Die Fackeln sollten wie Spuren der Sonne im Land aussehen.

In Schlesien und Österreich wurde der Winter – als Strohpuppe dargestellt – vorm Dorf verbrannt.

Am Sonntag Laetare ist **MITTFASTEN.** In Zürich wird bis heute an diesem Sonntag zum ersten Mal seit Winterbeginn die Abendglocke um 18 Uhr geläutet und damit der Zeitwechsel angezeigt. Die kurzen Tagstunden und langen Nachtstunden sind vorbei!

AUS ALLER WELT

Der hinduistische Kalender ist ähnlich wie der jüdische und der islamische nach Mondphasen gegliedert, weshalb die Feste zwar von den Jahreszeiten abhängig sind, aber im Datum variieren.

Das **HOLI-FEST** fällt ins Frühjahr, meist in den März.

Es ist ein Fest, dessen Ursprungslegende von einem glaubensfesten Jüngling berichtet, der sogar das Feuer, mit dem man ihn zu ermorden trachtete, überlebte.

Heute beginnt das Fest am Vorabend mit einem großen Feuer: „Holika". Das Böse und das alte Jahr werden darin verbrannt. Alle Mitfeiernden laufen sieben Mal um das Feuer herum, wobei böse Gedanken und Gefühle vernichtet werden sollen. Danach bekommen sie einen Punkt von der Asche dieses Feuers auf die Stirn gezeichnet. Der Aschepunkt steht – wie beim Aschermittwoch der christlichen Tradition – für die Reinigung, die die Feiernden vollzogen haben.

87

SCHÖPFUNG

Am 1. März 1985 starb in London **Charlotte Klein.** Sie war katholische Ordensschwester. Der Londoner Rabbiner Lionel Blue hielt in der Hauskapelle der Schwestern die Ansprache zu ihrer Trauerfeier. Mit ihm und drei weiteren Rabbinern beteten anschließend zahlreiche christliche und jüdische Menschen das Kaddisch, das jüdische Totengebet. Wie das?

Charlotte Klein entstammte einem jüdisch-orthodoxen Elternhaus. Sie wuchs in ein lebendiges und traditionsreiches Judentum hinein, dessen tödliche Bedrohung durch das „Dritte Reich" sie und ihre Familie auf unterschiedlichen Wegen Deutschland verlassen ließ. Sie gelangte nach Palästina. Dort kam sie in Kontakt mit dem Katholizismus, zu dem sie übertrat. Sie gründete als Ordensfrau in London ein Studienzentrum für christlich-jüdische Beziehungen und setzte sich ihr Leben lang für die Verständigung zwischen beiden Religionen als gleichwertige Partnerinnen ein. Ihr scharfer Verstand und ihre wissenschaftliche Tätigkeit im Bereich der Forschung zum Neuen Testament machten sie bei vielen deutschen Theologen unbeliebt, denn sie legte belegreich offen, wie stark die deutsche Nachkriegstheologie noch immer vom traditionellen Antijudaismus geprägt war. Sie kämpfte gegen die Missachtung des Judentums und setzte sich für eine wertschätzende Begegnung auf Augenhöhe ein. Sie ist eine Pionierin des jüdisch-christlichen Dialoges. Nur leider ist sie nahezu vergessen.

Wenn ich einen Menschen
wahrhaft liebe,
so liebe ich alle Menschen,
so liebe ich die Welt,
so liebe ich das Leben.

Am 23. 3. 1900 wurde **ERICH FROMM** in Frankfurt am Main geboren. Er kam aus einer angesehenen Rabbinerfamilie und wollte zunächst selbst eine solche Laufbahn einschlagen. Sein kritischer Geist aber brachte ihn auf andere Wege. Er wurde Psychoanalytiker, Soziologe und Philosoph und prägte mit seinen Büchern die Generation der Achtundsechziger und die Friedensbewegung maßgeblich. Er entkam der Verfolgung durch die Nazis durch die Emigration in die USA, von dort aus zog er weiter nach Mexiko, um zuletzt im Tessin einen Alterswohnsitz zu finden, wo er am 18. 3. 1980 nach einem Herzinfarkt starb. „Haben oder Sein" und „Die Kunst des Liebens" sind zwei seiner Werke, mit denen er sich ganz nah an das Wesen des Menschen heranwagte und nach seinen Beweggründen für Handeln und Leben fragte.

Auf den Wiesen weiden kleine grau-

schwarze Vögel mit weißen Punkten.

Sie sind größer als Spatzen, aber kleiner

als Amseln. Sie treten in kleinen Herden

auf und schwatzen fröhlich, wenn sie

nicht mit gebeugten Köpfen über den

Rasen flitzen und nach Würmern Ausschau halten. Sie sind aus dem Süden zurück. Dorthin ziehen sie im Herbst, wenn es bei uns kälter wird. Erst reisen sie über die Alpen nach Italien. Dann fliegen sie über das Mittelmeer und machen in Nordafrika halt. Von dort kommen sie zurück, wenn es bei uns Frühling wird. Jetzt sind sie wieder da. Ihr Geschwätz klingt manchmal wie Schmatzen. Du kannst sie hören, wenn du sie noch nicht siehst. Die **Stare** sind Frühlingsboten.

PFLANZE

Wenn die **MÄRZENBECHER** blühen, zeigen sich kleine Schönheiten, die nahezu unbeachtet bleiben. „Die Schneeglöckchen sind durch und die Osterglocken sind noch nicht so weit", heißt es bei den Gärtnerinnen. Genau zu diesem Zeitpunkt neigt sich die weiße Glocke mit den grünen Punkten in den Enden der Blütenblätter zart über einen blattlosen Stiel. Über der Blütenglocke ragt ein Paar Blätter in die Höhe, wie ein kleiner Schirm.

Märzenbecher brauchen besonderen Boden, wie er in Auenwäldern vorkommt. Aber sie stehen auch auf Bergen und sind in den Alpen manchmal sogar häufig anzutreffen. Besonders schön blühen sie in Massen im Polenztal in der Sächsischen Schweiz.

MATHEMATIK

Mit der Zahl **PI** kann man Kreise berechnen. Pi ist eine reelle, konstante und unendliche Zahl. Bei den Stellen nach dem Komma gibt es keine Regelmäßigkeit. Jeder Kreisumfang ist so gesehen nur annähernd ermittelt. Es bleibt ein unverfügbarer Rest. Pi wird – um die Sache zu vereinfachen – als 3,14159265 angegeben und hat doch unendlich viele Stellen hinterm Komma. Pi beeindruckt Menschen seit Menschengedenken.

BIBEL
GEGEN DEN STRICH
GEBÜRSTET

SCHULD UND SÜHNE.
THEMEN DER PASSION?

Die Reformation hat den Menschen die Angst vor Gott genommen. Gott sei Dank. Luthers Frage: „Wie bekomme ich einen gnädigen Gott?" und seine Entdeckung, dass Gottes Gnade den Menschen immer schon sicher ist, haben die Welt verändert. Es ist heute fast unvorstellbar, wie viel Angst die Menschen vor Gott hatten. Lähmende Ängste konnten das sein. Luthers „Rechtfertigungslehre" war eine Befreiung.

Schuld und Sühne sind deshalb Worte, die völlig aus der Mode sind. Das ist schade, denn sie benennen etwas, das – ohne zur lähmenden Angst zu werden – menschliches Leben treffend beschreibt. Das Leben ist Fragment, hat Henning Luther, ein wichtiger (und ganz und gar nicht mit Martin Luther verwandter) Theologe des 20. Jahrhunderts gesagt. Und er hat damit das Unvollkommene, Zerbrechliche, Verletzliche des Lebens gemeint. Er hat damit unser tägliches Scheitern beschrieben, das wir gut kennen und womit wir zu leben verstehen. Das Wort Schuld kann hilfreich sein, Scheitern zu benennen. Es kann Hilfestellung bieten, das eigene Versagen nicht zu verschweigen. „Ja. Ich werde schuldig. An mir, an meinen Mitmenschen. Besonders schmerzhaft an denen, die ich liebe. Komisch. Aber wahr."

Das Reden von Schuld gibt zu, Fehler zu machen, auch Fehler, die ernsthaften Schaden anrichten. Diese Wortwahl erlaubt auch, zu denken und zu fühlen, dass manches sogar absichtlich passiert oder dass der Wille zum Guten zwar da ist, aber das Vollbringen fehlt. Und so kommt es wieder zu Schuld. Schuld ist eine zwingende Folge aus dem Fragmentarischen des Lebens.

Sühne wiederum gehört dazu – wie die andere Seite der Medaille. Sie ist der Versuch, etwas wiedergutzumachen. Ihre Voraussetzung ist die Einsicht. Das muss klar sein. Sühne kann wie Heilung sein, wenn die Menschen, die aneinander schuldig geworden sind, einen gemeinsamen Weg der Sühne finden.

Im christlichen Glauben werden beide Worte mit Gott verbunden. Es gibt die Möglichkeit, an Gott schuldig zu werden. Es besteht die Möglichkeit der Sühne gegenüber Gott. Beides sind Gedanken, die schwer verdaulich sind. Besser deutbar sind sie in ihrer Wirklichkeit auf unser Leben hin – so wie ich es eben getan habe. Und trotzdem kann ich Gott im Spiel lassen, wenn ich zugebe, dass Gott sich in meinen Mitmenschen zeigt, dass sich Schuldigwerden an meinem Mitmenschen auch als Schuldigwerden an Gott bezeichnen lässt. Ohne Mitmenschen keine Gottesbeziehung! Sühne wiederum kann man als Segen erfahren, wenn sie von anderen Menschen gewährt wird. Der Glauben aber kann einen Schritt weitergehen und eine Perspektive der Erlösung öffnen, der Befreiung von Last, wenn unser menschliches Gegenüber dazu nicht in der Lage oder nicht willens ist. Was ist, wenn wir an Schuld denken, die wir gegenüber Toten haben, weil eine letzte Versöhnung nicht möglich war? Luther glaubte fest, dass wir aus Gottes Vergebung leben, dass Gott unsere Sühne annimmt. „Gott ist ein Gott der Freiheit." Das eröffnet immer wieder neue Perspektiven.

TRADITIONELLES

Im Märzen der Bauer
die Rösslein einspannt.
Er setzt seine Felder
und Wiesen instand.
Er pflüget den Boden,
er egget und sät
und rührt seine Hände
frühmorgens und spät.
Die Bäu'rin, die Mägde,
sie dürfen nicht ruh'n,
sie haben in Haus
und Garten zu tun.

Sie graben und rechen
und singen ein Lied,
sie freu'n sich, wenn alles
schön grünet und blüht.
So geht unter Arbeit
das Frühjahr vorbei.
Da erntet der Bauer
das duftende Heu.
Er mäht das Getreide,
dann drischt er es aus.
Im Winter da gibt es
manch fröhlichen Schmaus.

98

Aufbrechen

müsste man

zu neuen Ufern

aus harten Schalen

festen Meinungen

aus dem Menschenverstand

verdammt

gerade aus dem

du Gott

passt da nicht rein,

zu kleine Hirnschalen

bist ungebunden

los

mitten hinein

bei mir

triffst ins Schwarze

verdamm mich nicht

erlöse mich

zum Aufbrechen

zu neuen Ufern

aus harten Schalen

Amen.

APRIL

Das Wetter war wechselhaft.

Als sie am Donnerstag losfuhren, prasselte der Regen heftig aufs Autodach.

Die Scheibenwischer rasten hin und her. Der Verkehr kroch die Autobahn entlang.

Als sie auf die Bundesstraße abbogen, riss der Himmel auf und tauchte das Land in glasklares Abendlicht. Die Bäume, die sich auf dem fernen Bergrücken entlangzogen, standen wie mit scharfer Feder gezeichnet am Himmel, der von einem dunklen Blau in ein tiefdunkles Grau wechselte. Die Felder sahen nackt aus. Der letzte Schnee war weg und hatte alles wie entblößt zurückgelassen. Die trockenen Halme waren niedergedrückt und lagen wie angeklebte Haare am Boden. Das Laub vom vergangenen Herbst war schwarz geworden. Der kleine Bach, dessen Lauf die Landstraße bergan folgte, führte viel Wasser.

Es war später Abend, als sie den Hof der Großeltern erreichten. Björn war eingeschlafen. Lisa hielt mit Mühe die Augen offen. Marlene hatte die ganze Fahrt mit Kopfhörern auf den Ohren vor sich hin geträumt.

Peters Eltern Georg und Lotte kamen ihnen fröhlich entgegen, als sie in das große Tor einbogen. Martha beschlich ein komisches Gefühl. Sie hatte Peters Wunsch, Ostern bei seinen Eltern zu verbringen, wie jedes Jahr verstanden. Sie hatte wie jedes Jahr Bauchschmerzen bei der Vorstellung, vier Nächte in seinem Geburtshaus zu verbringen.

Und sie wusste, es würde Spannungen geben. Erst recht, weil Marlene mit war.

Marlene hatte von Anfang an ein missmutiges Gesicht gemacht. In ihrem Alter konnte sie sich spannendere Ziele vorstellen als die Großeltern, gab sie zu verstehen. Sie hatte eine Freundin, die in den Osterferien immer zum Skifahren nach Österreich fuhr. Eine andere durfte mit Freunden nach Berlin.

„Wieder andere bleiben zu Hause", hatte Peter nach dieser Aufzählung gesagt.

„Es geht immer noch langweiliger", hatte sie erwidert.

Marlene war schon eine junge Frau. Sie war schön und sportlich. Sie ging mit großen Schritten. Ihre Bewegungen waren ganz und gar nicht mehr kindlich, obwohl ihr Gesicht immer noch Spuren des Kindes barg, die Peter manchmal verstohlen verliebt und wehmütig musterte. Ihre Stimme war rau und widerspenstig. Wenn sie wütend wurde, schlug sie gelegentlich um und kippte ab, was sie wahnsinnig ärgerte. Sie hatte grüne Augen. Sie trug schon wieder eine Zahnspange, wie zwischen ihrem zwölften und fünfzehnten Lebensjahr. Die Korrekturen mussten nachgebessert werden, meinte die Kieferorthopädin.

„Zum Abi bin ich das Ding los!", hatte sie beschwörend am Telefon gesagt, als sie Martha davon berichtete, dass sie schon wieder so ein Gerät im Mund hatte.

Jetzt schälte sie sich aus ihrem Sitz und lachte Lotte an. Die gab ihr, noch vor der ersten Umarmung, zu verstehen, dass sie die Stöpsel aus den Ohren zu ziehen habe. Marlene machte, was ihre Oma von ihr verlangte. Dann umarmten sie einander. Sie hatte seit der Scheidung ihrer Eltern nur selten Kontakt zu diesen Großeltern. Darüber war sie früher sehr traurig gewesen, denn die Besuche, die sie gemeinsam mit ihrem Vater bei den alten Leuten auf dem Dorf gemacht hatte, gefielen ihr damals sehr. „Ferien auf dem Bauernhof" nannte sie die Zeit. Aber je größer sie wurde, umso schwerer fiel es ihr, die Ostertage zwischen Kühen und Hühnern cool zu finden. Und trotzdem war sie gern in dem alten Haus mit den vielen kleinen Zimmern, trotzdem ließ sie sich gern jeden Tag ein anderes Lieblingsessen vorsetzen, trotzdem legte sie gern ihren Kopf in den weichen Schoß ihrer Oma und ließ sich den Kopf kraulen. Und dann wieder sprang sie der Ärger an, dass sie nichts Besseres geboten bekam, als mit der ganzen Familie in diesem Kaff die Zeit totzuschlagen. Dann knurrte sie wie ein Kettenhund, wenn sie angesprochen wurde. Und Peter betete zum lieben Gott, dass schönes Wetter sein möge, damit seine widerspenstige Tochter wenigstens im Garten ausreichend Bräune erhaschen könnte. Denn dorthin zog sie sich immer zurück, richtete sich zwischen den zaghaft keimenden Beeten ihrer Großmutter ein Lager aus Decken und Kissen, wo sie Bücher verschlingen und seitenweise ihr Tagebuch füllen konnte.

Dieses Jahr wurden Peters Gebete nicht erhört. Das Wetter blieb wie am Anreisetag ein aprilhaftes Gemisch aus heller Sonne und dunklen Wolken mit eiskaltem Regen. Sie mussten viel im Haus bleiben, was der Stimmung abträglich war. Stattdessen kam die Rede recht bald auf Marlenes Pläne nach dem Ende der Schulzeit. Und das ratlose Schulterzucken, das sie auf die Frage Georgs hin zuwege brachte, bekam der Großvater in den falschen Hals. Eine Standpauke über Ziele war das wenigste, wozu er sich hinreißen ließ. Die Oma guckte verständnislos und machte am späteren Abend Peter Vorwürfe, dass er es an Strenge fehlen ließe. Er müsse aufpassen, dass nicht auch Lisa und Björn so antriebslos und ohne Ehrgeiz würden, das wäre doch gar nicht typisch für ihn, dass seine Tochter so unmotiviert wäre. Ach Gott. Und diese ständige Musik im Kopf, die müsse das Kind ja auch verrückt machen, und die Stecknadel neben der Augenbraue (sie meinte das Piercing, das Marlene seit einigen Monaten trug) machte doch nur, dass das Mädchen wie eine Wilde aussähe. Hier wäre Martha am liebsten aufgesprungen und hätte neben allen anderen wütenden Äußerungen auch noch den Rassismus der Großeltern gegeißelt. Aber sie blieb sitzen. Wie jedes Jahr. Und wartete, dass die Vorwürfe vorbeigehen würden, wie einer von den eisigen Regenschauern. So war es auch. Aber nach dem großen Gewitter kamen ihr in den folgenden Tagen die kleinen Sticheleien umso schmerzhafter vor.

„Sie können nicht anders", bemühte sich Peter, Martha am Abend zu beschwichtigen.

„Sie meinen es nicht böse", ergänzte er – auch wie in jedem Jahr.

„Sie meinen es gut", schloss er und sah sie mitleiderregend demütig an.

„Sie könnten anders. Sie wollen nicht", hielt Martha entgegen. „Und es nervt mich. Jedes Jahr ein bisschen mehr."

„Aber es geht doch eigentlich." Der gute Sohn versuchte weiter, für gutes Wetter zu sorgen.

„Es geht nicht. Aber ich versuche, es nicht so ernst zu nehmen. Mehr kann ich nicht machen. Ich koche vor Wut."

„Das merken sie."

„Jetzt bring mich nicht auf die Palme!", wurde sie deutlicher. „Ich halte das hier aus und hoffe auf gutes Wetter in jeder Hinsicht. Aber es ist kein Vergnügen für mich."

„Aber sieh doch mal. Es gab schon Jahre, da haben sie viel mehr gemeckert."

„Erinnere mich nicht daran!" Martha wusste genau, was er meinte.

Sie hatte die Babys im Tragetuch getragen und voll gestillt. Dafür hatte Peters Mutter überhaupt kein Verständnis zeigen können. Im Gegenteil. Die Kinder werden verwöhnt. Und überhaupt: alles wie bei den Wilden… Es hatte manches Mal heftig gekracht. Meistens hatte Martha ihre Wut runtergeschluckt. Und so besehen, war es jetzt tatsächlich friedlicher. Dieses Mal kriegten sie nur wegen Marlene Probleme. Dass Oma Björn immer mit Essen vollstopfen musste wie eine Weihnachtsgans, das nahm sie hin. Sie hatte gelesen, dass das was mit den Erfahrungen aus der Nachkriegszeit zu tun hat.

„Ich gebe mir ja Mühe", sagte Martha deshalb ebenfalls beschwichtigend zu Peter.

„Und es ist auch alles wieder sehr liebevoll. Du hast recht. Ich werde den Rassismus und die Rechthaberei einfach ausblenden."

„Komm schon her, du Gute", knurrte Peter, und Martha krabbelte zu ihm unter die schweren Federbetten, die zuerst kühl und allmählich herrlich warm in den beiden uralten Ehebetten auf sie warteten. Wie jedes Jahr.

DIES UND DAS

Im **APRIL** sprießen die Knospen, und die ersten Blüten an den Bäumen öffnen sich. Im Lateinischen heißt öffnen aperire. Daher kommt der Monatsname.

Der April kann auch **OSTERMONAT** genannt werden, weil meistens im April Ostern gefeiert wird. Keim- und Knospen-monat sind ebenfalls als Namen überliefert.

Auf jeden Fall ist das Aprilwetter sprichwörtlich: Die helle Frühlingssonne lockt ins Freie, und ein plötzlicher heftiger kalter Regen sorgt dafür, dass man den Geschmack des Winters nicht vergisst.

CHRISTLICHES

Das **OSTERFEST** gilt als Gründungsfest des Christentums. Es ist der zu Kultur geronnene Glauben an die Auferstehung. Und das ist schwierig genug. Was ist damit gemeint?

„Ohne Karfreitag kein Ostern!" ist ein alter Leitsatz gestandener Pfarrer. Karfreitag gedenkt die Kirche der Kreuzigung Jesu. Jesus von Nazareth wird nach römischer Sitte am Kreuz hingerichtet. Er ist ein Aufrührer. Ein Aufwiegler. Eine Gefahr für alle, die auf sicheren Posten sitzen und keine Lust auf Revolte haben. Ganz egal, ob Jesus tatsächlich eine herbeigeführt hätte. Die meisten Morde an politisch Unbequemen erfolgen auf Verdacht hin. Das ist das Wesen diktatorischer Willkür und hegemonialen Machterhalts. In Jesu Tod kommt Gott der Welt ganz nah, bis in den Tod hinein. So glauben es seitdem zahlreiche Menschen. Mit Jesus stirbt Gott den Tod der Unschuldigen. Bis heute. Es gibt keinen gottverlassenen Tod mehr. Und dann gehen am dritten Tag (es ist ein Sonntagmorgen) drei Frauen zu jenem Grab, in das sie den Leichnam Jesu gelegt hatten. Sie finden das Grab leer. „Der ist geklaut worden!", das ist eine populäre Erklärung bis in unsere Tage. Den Frauen ist das egal. Sie begreifen in der Grabkammer: „Das kann es nicht gewesen sein. So ist Gott nicht. Gottes Geschichte endet nicht mit dem Tod. Sie geht weiter." Für die Frauen wird dieses Begreifen fassbar in dem Wort: „Jesus ist aufgestanden!" („Aufstehen" steht da, nicht „auferstehen" – das ist ein deutsches Kunstwort, das alles kompliziert macht.) Sie laufen zurück und reden. Sie verbreiten ihre Deutung. Sie sind die ersten Zeuginnen von Gottes todesüberwindender Kraft. Die Botschaft, die gute Nachricht, das Evangelium lebt weiter und geht von Mund zu Mund. Sie lebt. Bis heute. Und das ist die Osterbotschaft, die Jahr für Jahr Tausende Menschen in die Kirchen lockt. Wie schön!

108

Leiblich und sinnlich erfahrbar wird die Kraft der Auferstehung in den Osternächten, die landauf und landab gefeiert werden. Es bleiben Zweifel. Das mag sein. Und schon wenn ich mit der Osterkerze in der Hand im Morgengrauen nach Hause gehe, können Zweifel über mich kommen. Aber der Glanz der Kerzen, der Ruf „Der Herr ist auferstanden. Er ist wahrhaftig auferstanden!" klingt seltsam unberührbar klar über alles hin. Ostern ist ein Mysterium. Und doch ganz real. Aufstehen ist möglich. Bis heute. Immer wieder neu. Gottes Wort erreicht mich, will mich verwandeln und mich zur Einmischung bringen.

JÜDISCHES

1959 wurde der **JOM HA-SHOA** (Holocaustgedenktag) in Israel per Gesetz zum Feiertag erklärt. Er findet, wie alle jüdischen Feste, nach jüdischem Kalender statt. Da der ein Mondkalender ist, variiert das Datum. Meistens liegt der Jom ha-Shoa im April, manchmal auch im Mai. Am Vorabend werden sechs Fackeln entzündet. Sie stehen für die sechs Millionen Opfer der Schoah. Im ganzen Land wehen die Fahnen auf Halbmast. Am nächsten Tag steht das öffentliche Leben in Israel nahezu still. Um zehn Uhr gehen zwei Minuten die Sirenen. Der Straßenverkehr ruht. Die Menschen bleiben stehen und schweigen. In Fernsehen und Rundfunk laufen keine Unterhaltungssendungen, sondern Trauermusik und Dokumentationen zum Holocaust. Seit 1988 organisieren vor allem jüngere Israelis einen „Marsch der Lebenden", der vom KZ Auschwitz zum Vernichtungslager Birkenau führt und zahlreichen Menschen aus unterschiedlichen Ländern die Gelegenheit zur gemeinsamen Erinnerung und Trauer gibt. Zehntausende Menschen setzen ein Zeichen gegen die Leugnung der Vernichtung des europäischen Judentums.

VOLKSTÜMLICHES

Wenn festlich geschmückte Pferde und ihre Reiter am Ostersonntag von Dorf zu Dorf ziehen, um die Osterbotschaft im Land zu verbreiten, nennt man das einen **OSTERRITT**. In der katholisch geprägten Oberlausitz nehmen fast 1500 Reiter und Pferde an den österlichen Flurumritten teil. Es werden Lieder von der Auferstehung gesungen, außerhalb der Ortschaften wird der Rosenkranz gebetet. Prozessionskreuz, Kirchenfahne und eine Statue des Auferstandenen müssen mitgeführt werden. In den Ortschaften wird die Kirche umritten und auf dem Friedhof für die Verstorbenen gebetet.

110

AUS ALLER WELT

22.4. JASHN-E ARDWAHISHTGAN (zoroastrische Zeremonie zu Ehren des Feuers und der Himmelskörper)
Der Zoroastrismus (Religion des Zarathustra) ist eine kleine, aber einflussreiche Religion. Sie ist etwa 1500 Jahre vor der westlichen Zeitrechnung entstanden. Ihre Lehre ist in Gathas genannten Hymnen festgehalten und von großer Klarheit und einem bestimmenden Dualismus von Gut und Böse, Reinheit und Bosheit geprägt.

SCHÖPFUNG

MENSCH

GERHARD TERSTEEGEN gehört zu den großen Liedermachern des Protestantismus. Am 3.4.1769 starb er in Mülheim an der Ruhr und hinterließ zahlreiche Liedtexte, die in ihrer tiefen und einfachen Frömmigkeit Generationen von Sängern und Sängerinnen geprägt haben. Er gehört in die pietistische Tradition, die man als Demokratiebewegung der Laien des Protestantismus im 18. Jahrhundert bezeichnen kann. Der Pietismus ermutigt zur persönlichen Frömmigkeit und nimmt das Priestertum aller Getauften beim Wort und ernst. Die manchmal belächelte Erweckungsbewegung veränderte die evangelische Kirche nachhaltig. Ihre Wertschätzung persönlicher Glaubenserfahrungen gibt dem Protestantismus eine feste Verankerung im Volksglauben. An vielen Orten entstehen kleine Zentren, Hausgemeinden ähnlich, der Bibellektüre und des Gotteslobes. Tersteegen gehört zu den vielgelesenen Autoren. Er ist evangelischer Mystiker, der die Laien ermutigt, eigene Gotteserfahrungen zu machen. Es gelingt ihm, diese Erfahrungen in überzeugende Sprache zu fassen.

„Luft, die alles füllet,

drin wir immer schweben,

aller Dinge Grund und Leben,

Meer ohn Grund und Ende,

Wunder aller Wunder:

ich senk mich in dich hinunter.

Ich in dir, du in mir,

lass mich ganz versinken,

dich nur sehn und finden."

Welche Aufgabe hat Kunst? Das war eine Frage nach dem Geschmack von **KÄTHE KOLLWITZ**. Die am 22.4.1945 im malerischen Moritzburg bei Dresden gestorbene Künstlerin hat ihr Schaffen in den Dienst der sozialen Bewegung gestellt. Sie hat Zustände ihrer Zeit abgebildet, besonders die der Frauen und Kinder, die in die Arztpraxis ihres Mannes im Arbeiterviertel Prenzlauer Berg in Berlin kamen. Dieses Engagement brachte ihr den diffamierenden Titel „Rinnsteinkunst" ein, konnte aber ihren Ruhm langfristig nicht verhindern. Adolph Menzel hat die Bedeutung, Begabung und den Mut der jungen Kollwitz früh zu schätzen gewusst, als er ihren „Weberzyklus" gesehen hatte, in dem sie sich mit den sozialen Zuständen auseinandersetzt, die zum schlesischen Weberaufstand von 1844 geführt hatten. Sie verstand Kunst als Ausdrucksmittel politischen Denkens. Ihre Kunst mischte sich ein. Ihre Grafiken bewegen bis heute und sprechen auch heute noch eine deutliche Sprache. Im Ersten Weltkrieg fiel ihr zweiter Sohn. Das brachte sie zur pazifistischen Bewegung. Die Ermordung Rosa Luxemburgs und Karl Liebknechts ließ sie sich noch stärker für die klassischen „linken" Themen einsetzen. Sie wurde zur Sozialistin. Ihre Freundschaft mit Ernst Barlach verlieh ihrem Werk eine fast mystische Tiefe. Die Nazis haben ihr 1936 ein indirektes Ausstellungsverbot erteilt und sie aus allen öffentlichen Museen und Ämtern entfernt. Sie war eine erklärte Gegnerin des Regimes. Ihrer Entlassung aus der Berliner Kunstakademie folgte eine kleine Odyssee durch Deutschland, bis sie in Sachsen Schutz und Unterkunft fand. Viele ihrer Werke sind durch den Krieg zerstört und verloren. Sie wartet auf ihre Wiederentdeckung, auch als religiöse Künstlerin, die sie zwar dezidiert nicht war, als die sie in ihren sozial- und kriegskritischen Inhalten und ihrer tiefen Hinwendung zum menschlichen Antlitz (als Abbild Gottes in der Welt) aber unstrittig ist.

„Ich will eine Zeichnung machen, die einen Menschen zeigt, der das Leid der Welt sieht. Kann das nicht nur Jesus sein? – Auch auf der Zeichnung, wo der Tod die Kinder packt, sitzt hinten eine Frau, die das Leid der Welt sieht. Es sind nicht ihre Kinder, die der Tod packt, sie ist viel älter. Sie sieht auch nicht zu, sie rührt kein Glied, aber sie weiß um das Leid der Welt."

TIER

Im April kann man gut die Hügel sehen, die der **MAULWURF** auswirft, wenn er seine Gänge baut. Gärtnerinnen und Bauern bringen diese Zeichen auf der Wiese oder im Beet auf die Palme. Der Maulwurf gilt als Schädling. Da er aber auf der Roten Liste für vom Aussterben bedrohte Tiere steht, ist es eigentlich verboten, ihn zu fangen oder zu jagen. Trotzdem wird ihm nachgestellt.

Der Maulwurf ist ein sehr possierliches Tierchen mit einem superdichten Haarkleid. Er hat die meisten Haare auf einem Quadratzentimeter von allen Tieren, die es gibt. Warum? Damit ja kein Erdkrümel an seine Haut kommt! Seine Vorderpfoten sind zu Schaufeln umgebildet, mit denen er hervorragend Erde graben kann. Seine Hinterbeine sind kleine Stummelchen voller Kraft. Sie müssen ihn vorwärtsschieben. Die Augenhöhlen sind im Schädel noch angelegt, aber Augen hat der Maulwurf nicht. Er ist blind. Dafür kann er sehr gut riechen. Seine Barthaare, die rund um seine Nase hervorsprießen, sind empfindliche Wegweiser, die unter der Erde gut arbeiten. Er frisst Larven von Insekten, kleine Säugetiere und Regenwürmer.

PFLANZE

Die **TULPE** aus der Familie der Liliengewächse trägt ihren Namen nach der Form ihrer Blüte, die bereits in der sehr alten Schriftsprache Sanskrit als Turban wiedergegeben wird. In unseren Sprachraum ist der Namen über das Türkische eingewandert, woher unsere Tulpen auch kommen. Obwohl die Tulpe als wilde Pflanze in Nordafrika und im Mittelmeerraum zu Hause ist, spielte sie in der klassischen Antike keine Rolle. Erst Mitte des 16. Jahrhunderts berichteten Reisende vom Sultanhof über diese schönen Blumen und brachten erste Exemplare mit nach Mitteleuropa. Sie fanden schnell Verbreitung. Heute sind die Niederlande der Hauptproduzent für Tulpen. Die langstieligen Exemplare, die in unseren Gärten und Vasen stehen, sind veredelte Züchtungen. Wildtulpen und alte Sorten sind kurzstieliger und robuster.

PLANET

Der **FRÜHLINGSVOLLMOND** ist für alle mondabhängigen Kalender ein wichtiges Datum. Er wird im Voraus berechnet, warum er auch niemals ganz exakt bestimmt ist, denn die Mondbewegung hat kleine Abweichungen, die gelegentliche Korrekturen im Kalender nötig machen. Im Frühling steht der Mond am Himmel tief. Wenn er voll ist, war das seit Menschengedenken in den Breiten unserer Erdbesiedlung ein Zeichen für die beginnende Vegetationsphase. Der Frühlingsvollmond ist garantiert immer zwischen dem 21. März und dem 19. April.

BIBEL
GEGEN DEN STRICH
GEBÜRSTET

WIE VIEL HISTORISCHE FORSCHUNG VERTRÄGT DER GLAUBEN?

Ist historisch belegt, dass Jesus von Nazareth gelebt hat? Ist das wichtig? Manche meinen Ja. Das muss sein, sonst stütze sich das ganze christliche Weltbild auf eine Fiktion. Dabei ist die Beantwortung der Frage nicht wirklich grundlegend für den Glauben, denn die christliche Religion verlässt sich in ihrem Kern seit Jahrtausenden auf die Glaubwürdigkeit der Zeugen und Zeuginnen, deren Leben und Glauben durch Jesus geprägt war. Das sind Männer und Frauen, die ihren Glauben als stark genug erlebt haben, um zu leben und zu lieben. Männer und Frauen, die Gott in ihrem Leben erlebten und davon Zeugnis ablegten. Glaubwürdig. Dauerhaft.

Was ist dann dran an Auferstehung, Himmelfahrt und überhaupt? Die Kirche hat in ihrer ganz und gar weltlich geprägten Geschichte schnell bemerkt, dass sie die anfänglich mystisch, als innere Schau, als Alltagsfrömmigkeit ausgeprägte Weltsicht des Glaubens durch Dogmen stabilisieren muss. Aber die Dogmen haben die Kirche auch starr gemacht. Heute sind sie ein Grund für ihre Hinfälligkeit.

Wie rede ich heute glaubwürdig und überzeugend von diesen seltsam rätselhaften Glaubensdingen? Die Kraft der Bilder ist es, die entscheidet, ob sie taugen und tragen. Dabei geht es in erster Linie um innere Bilder, um Symbole und Zeichen, die uns im Kern und Innersten berühren. Hubertus Halbfas, ein katholischer Religionspädagoge, hat Glauben einmal mit einem „Sprung in den Brunnen" verglichen. Wer glauben will, muss sich auf eine Reise in die eigene Mitte einlassen. Auf dem Weg dorthin sind all die Geschichten, die Überlieferungen, die Bilder der Zeugen und Zeuginnen über die Jahrtausende hilf-

> *Manchmal stehen wir auf*
> *Stehen wir zur Auferstehung auf*
> *Mitten am Tage*
> *Mit unserem lebendigen Haar*
> *Mit unserer atmenden Haut.*
>
> *Nur das Gewohnte ist um uns.*
> *Keine Fata Morgana von Palmen*
> *Mit weidenden Löwen*
> *Und sanften Wölfen.*
>
> *Die Weckuhren hören nicht auf zu ticken*
> *Ihre Leuchtzeiger löschen nicht aus.*
>
> *Und dennoch leicht*
> *Und dennoch unverwundbar*
> *Geordnet in geheimnisvoller Ordnung*
> *Vorweggenommen in ein Haus aus Licht.*

Marie Luise Kaschnitz

reich und wegbegleitend. Die Auferstehung etwa ist Ausdruck einer sagenhaften Hoffnung, die der Todesverliebtheit und Todesverfallenheit unserer Welt die Stirn zu bieten wagt. Unserem Drang, Leben zu verbrauchen, es zu vernichten, wie die Bilanz unserer westlichen Kultur nach 200 Jahren Industrialisierung unstrittig nahelegt, diesem Drang setzt die Hoffnung, Gott möge stärker sein als der Tod, eine aberwitzige Behauptung entgegen, die nicht mehr ist als eine Hoffnung. Aber welche Kraft daraus gewachsen ist! Wie viele Tode bereits überwunden wurden! Wie viel Widerstand aus einem Lied entstehen kann! Mehr ist der Auferstehungsglauben nicht. Das ist wahr. Aber kann er weniger sein?

NÜTZLICHES

EIN OSTERGARTEN FÜR DIE FENSTERBANK

Warum einen schönen Brauch der Adventszeit nicht ummodeln und was für die Passions- und Osterzeit daraus machen? Eine Kiste her! Und dann mit den Kindern einen Garten gestalten. Da muss eine Höhle sein. Das Grab. Mit schwerem Stein. Dann ein Kreuzigungsplatz mit wenigstens drei Kreuzen. Ein Weg aus Steinchen vielleicht? Der Garten kann sich verändern. Am Ostersonntag jedenfalls rollt man den Stein zur Seite und stellt ein Licht in die Höhle. Mehr nicht.

Der Tod zählt

nicht,

ich protestiere,

gehe mit einem Licht

frisches Wasser holen.

Das Grün widersteht

dem Beton,

meine Hoffnung

schlägt wieder aus.

Gott,

kehr um!

Um und um

mich und die Welt

gegen den Wahn

des Siegenmüssens.

Amen.

Der achte Mai war Martha wichtig.

Sie war in der DDR aufgewachsen. Da war der achte Mai ein wichtiger Tag.

Das Ende des Nationalsozialismus, der Sieg der Roten Armee. Berlin. Letzte große Schlacht. Seelower Höhen. Da waren sie als Schulklasse sogar mal gewesen und hatten einem Veteranen gelauscht, der anschaulich und bewegend vom Krieg erzählt hatte.

Sie erinnerte sich immer wieder daran.

Ende des Jahres 2008 kam der Film „Anonyma" ins Kino. Sie sah ihn und ihr wurde schlecht.

Klar hatte sie schon so was gehört. Hatte schon manche Hinweise auf das Schicksal der Frauen, wenn die Russen kamen, gehört. Aber sie hatte sich nicht besonders dafür interessiert. Sie hatte es nicht erfasst. Und das Ausmaß, wie es nach dem Filmstart in den Medien dargestellt wurde, hatte sie sich nicht vorstellen können. Es ärgerte sie auch immer wieder, dass dabei die Russen so schlecht wegkamen. Hatten die Deutschen nicht selbst Schuld an dieser bitteren Rache? Wie kam es, dass so etwas geschah? Sie dachte an den Krieg in Jugoslawien und die Massenvergewaltigungen, von denen damals die Rede war. Sie dachte an die traumatisierten Frauen und Mädchen, die mit diesen Erfahrungen irgendwie leben mussten. Sie war schockiert, als sie hörte, dass Vergewaltigung ein weit verbreitetes Werkzeug des Krieges gegen die Zivilbevölkerung ist. Das Thema machte sie schwach und widerte sie an. Und doch musste sie immer wieder daran denken. Sie las darüber, was sie auftreiben konnte. Sie wurde sogar Mitglied im Medica mondiale e.V., der sich um eben so traumatisierte Frauen kümmert. Überall auf der Welt. Sie konnte und wollte es oft nicht glauben.

or zwei Jahren wurde ihre Mutter ein Pflegefall. Demenz.

Zuerst nur ein bisschen, dann immer schlimmer.

Das erste Jahr organisierte sie die Pflege in der Wohnung ihrer Mutter. Sie selbst ging bald täglich vorbei.

Dann wurde eine Entscheidung notwendig: Pflegeheim oder nicht?

Sie versuchte, das mit ihrer Mutter zu besprechen.

Erfolglos. Sie mauerte. Antwortete nicht. Starrte vor sich hin.

Platzte mit „Willst mich wohl abschieben?" heraus. Als wäre sie plötzlich ganz klar.

Am nächsten Tag konnte sie auch sagen: „Ja, es ist besser, ich gehe jetzt ins Heim. Such mir ein schönes aus!"

Oder: „Ich sterbe, wenn ich die Wohnung verlassen muss. Dann hast du mich auf dem Gewissen."

Zuletzt war es unvermeidlich. Zwar hatte sie zu diesem Zeitpunkt bereits ihr ganzes Leben zwischen ihrem Dienst in der Schule und ihrer Mutter aufgeteilt, und es gab dazwischen fast nichts anderes mehr. Aber sie schaffte die Pflege allein nicht mehr. Ihre Mutter kam ins Heim.

Und schien den Umzug zu verdämmern.

Aber dann geschah Furchtbares.

Sie ließ sich nicht waschen, nicht baden. Bald schrie sie schon, wenn sie nur jemand berühren wollte. Was war los?

Das Personal rief entnervt an, machte bald die Drohung wahr, die Körperpflege ganz einzustellen. Verlangte von ihr, die Mutter zu waschen. Sie tat es. Morgens vor der Schule, abends nach dem Abendessen. Was war los?

Nach einigen Wochen überfiel sie immer öfter und unvorstellbar heftig das Gefühl, dieser Aufgabe nicht gewachsen zu sein. Ihre Erschöpfung fühlte sich wie Blei hinter ihren Augen an. Sie hatte Angst, am Abend nicht mehr bis nach Hause zu Peter und den Kindern zu kommen. Der Weg dehnte sich. Die Zeit tat ihr weh.

D a stieß sie am Schwarzen Brett auf ein kleines Plakat, das auf das Angebot einer Seelsorgerin, die für dieses Heim zuständig war, aufmerksam machte. Automatisch und ohne nachzudenken notierte sie sich deren nächste Sprechzeit.

Eines Tages ging sie hin. Sie begegnete einer sehr freundlichen Frau, die ihr aufmerksam zuhörte. Nachdem Martha lange erzählt hatte, antwortete sie ihr mit großer Klarheit. Sie tröstete sie, dass die Pflege eine echte Last und tatsächlich schnell zu viel für einen Menschen werden kann. Sie riet ihr, sich eine Auszeit davon zu gönnen. Als Martha daraufhin das Problem mit dem Waschen und der Panik ihrer Mutter darstellte, schlug sie ihr vor, sich mit der Traumatisierung der Frauen rund um das Ende des Zweiten Weltkrieges zu befassen.

Mit dem Thema des Films „Anonyma".

Martha war fassungslos.

Ihre Mutter? Konnte das sein? Konnte ihre Mutter von den Vergewaltigungen betroffen gewesen sein? Ihre Mutter war 1929 geboren. Ja. Es konnte sein. Sie war in der Nähe von Görlitz aufgewachsen. Auch das konnte passen. Sie hatte nie von so etwas gesprochen. Auch das passte.

Die Pfarrerin erzählte ihr, dass es ein Thema der Pflegeeinrichtungen wäre, das gerade erst in seiner ganzen Tragweite verstanden würde.

Frauen, die diese Erlebnisse ein Leben lang verdrängt und verschwiegen hatten, würden zum Lebensabend und Lebensende hin die Kontrolle über die langgehüteten Geheimnisse verlieren. Sie würden spät und überraschend wie Traumatisierte reagieren. Es sei eine heikle Sache und ein weites Feld.

Wenig später begegnete ihr auf dem Flur vor dem Zimmer ihrer Mutter ein Zivildienstleistender. Er trug Handschuhe und hatte einen Bademantel über dem Arm.

Sie sah ihn mit großen Augen an. War er zum Waschen der alten Damen eingeteilt? Hatte er eines Abends auch ihre Mutter waschen wollen? War mit diesem jungen Mann alles ins Rollen gekommen?

In ihrem Kopf fügte sich eins zum anderen. Sie fing an zu weinen.

DIES UND DAS

Der Monatsname mag von einer italischen (lange vor der historischen Entstehung Italiens nannte man die Kultur des Stiefels „italisch") Göttin **MAIA** oder dem Göttervater des römischen Götterhimmels Jupiter **MAIUS** kommen. Maia wird die Verantwortung für Erde und Wachstum zugeschrieben, Jupiter Maius soll für Blitz, Donner, Regen und Sonnenschein zuständig sein.

MAI

1 Internationaler Tag der Arbeit │ 2 Internationaler Kampf- und Feiertag

ALLERHAND

Dass der Mai der **WONNEMONAT** ist, wundert niemanden. Wenn das Wetter schön ist, ist es einfach wonnig. Und dass er Weidemonat heißen kann, liegt daran, dass die Tiere im Mai zum ersten Mal auf die Weide gelassen werden. Aber Vorsicht: Mitte Mai können die Eisheiligen nochmals zu Bodenfrösten führen und es kann empfindlich kalt werden. Dann erfrieren vielleicht alle Apfelblüten. Das ist schade.

CHRISTLICHES

In den meisten Jahren fällt das bewegliche und vom Osterdatum abhängige **PFINGSTFEST** in den Mai. Es wird 50 Tage nach Ostern gefeiert und trägt deshalb auch den dem Griechischen entlehnten Namen „Pentekoste". Nach der biblischen Überlieferung ist es das Fest, das den Heiligen Geist, die geistige Seite Gottes sozusagen, feiert. Die Geschichte der Apostel und Apostelinnen (Apg 2) berichtet, wie der Geist Gottes die ängstlich versteckten Jünger und Jüngerinnen „begeistert" und so überwältigt, dass sie mutig auf die Straßen und Plätze gehen und von GOTT und der Geschichte Jesu erzählen. Damit geht eine Verheißung in Erfüllung, auf die das Volk Israel seit 500 Jahren gewartet hatte: „Söhne und Töchter werden prophetisch reden, eure Alten werden Träume träumen und eure jungen Leute Visionen haben" (Joel 3,1–5). Letztlich ist Pfingsten ein Fest, das darauf besteht, dass sich Menschen nicht mit dem Alltäglichen, Gewöhnlichen und oftmals Hoffnungslosen zufriedengeben müssen. Gottes Geist bewegt, verändert und macht mutig. Gottes Geistkraft macht fantasievoll, eine andere Welt für möglich zu halten, davon zu träumen, darauf zu hoffen und dafür zu arbeiten. Da steckt Kraft dahinter. Gewaltige Kraft wie ein Sturm.

Einen Sonntag später wird **TRINITATIS** gefeiert. Das ist im Vergleich zu Pfingsten ein eher kleines Fest, das vor Augen führen will, dass sich GOTT in dreierlei Gestalt den Menschen offenbart: GOTT – Vater und Mutter, GOTT – Menschenkind und Bruder in Gestalt von Jesus Christus und GOTT – Geistkraft, Heiliger Geist, RUACH (Hebräisch), GOTTes Atem.

Alle zwei Jahre treffen sich am Wochenende um **HIMMELFAHRT** herum hunderttausend Menschen zum Deutschen Evangelischen Kirchentag: zu einem Fest des Glaubens an einem Ort zum Reden und Diskutieren. Immer wieder gelingt es, aktuelle und zeitlose Themen gleichermaßen streitbar und lebendig zu präsentieren. „Zeitansage" zu sein, gehört zum Selbstverständnis des Kirchentages, der sehr großen Wert darauf legt, eine von allen Kirchen unabhängige Laienbewegung zu sein. Seine Rechtsform ist ein Verein, dessen Geschäftsstelle in Fulda sitzt. Der Kirchentag ist eine typisch evangelische Sache. Seine Vielfalt, seine Freiheit, sein Mut. Auf katholischer Seite bemüht sich die Laienbewegung „Zentralkomitee der deutschen Katholiken" um ein Pendant. Der Katholikentag findet nicht mit der gleichen Regelmäßigkeit statt und ist in seiner Organisation und in seiner Größe völlig anders als der Deutsche Evangelische Kirchentag. Die beiden Ökumenischen Kirchentage, die es in den vergangenen Jahren gab, zeigen das große Engagement der christlichen Basis für mehr Gemeinsamkeit. Der Weg dahin war allerdings jedes Mal sehr mühsam. Das soll nicht verschwiegen werden. Und ein Datum für einen dritten Ökumenischen Kirchentag gibt es vorläufig nicht.

JÜDISCHES

Das **WOCHENFEST**, Shavu'ot auf Hebräisch, wird 50 Tage nach Pessach gefeiert. Es ist ein Erntedankfest, denn in Israel wird in dieser Zeit der Weizen reif. Theologisch überschrieben ist der ursprüngliche Aspekt allerdings mit der Erinnerung an den Empfang der Zehn Gebote. Nach biblischer Überlieferung zerschmetterte Mose die ersten Steintafeln mit den Geboten, weil er – als er vom Berg herabstieg – entdeckte, wie Israel das Goldene Kalb anbetete. Die zweite Fassung der steinernen Tafel musste das Volk durch 50 Tage Beten erstreiten. Heute werden an Shavu'ot in der Synagoge die Zehn Gebote in aller Feierlichkeit verlesen. Zur häuslichen Feier gehören vor allem der Genuss von milchigen Speisen und Gebäcken, denn Israel nährt sich von den Geboten wie kleine Kinder von Milch (so sagen es die Rabbinen).

VOLKSTÜMLICHES

Der Brauch des **Maibaums** ist in vielen Gegenden Deutschlands bekannt und beliebt. Entweder um den 1. Mai herum oder zum Pfingstfest wird ein stattlicher Baum (Birke oder Nadelbaum) in der Mitte eines Platzes aufgestellt. Sein Aufrichten ist mit unterschiedlichen Bräuchen verbunden, häufig mit Volksfesten. An vielen Orten wird der Baum aufwendig geschmückt. Er kann auch gestohlen werden, wobei Regeln zu beachten sind sowohl für den Diebstahl als auch für die Auslösung. Der Diebstahl ist spielerischer Natur und hat den Charakter eines Wettkampfes unter den Burschen der Dörfer.

Die Herkunft dieses Brauches ist volkskundlich umstritten. In Schweden kennt man den Mittsommerbaum. In Mitteleuropa wird ein Zusammenhang zwischen der Verehrung der Erde als Mutter und dem Aufrichten eines solchen Baumes vermutet.

132

AUS ALLER WELT

Der 23.5. gilt als Gründungstag der **BAHAI-RELIGION.** Ali Muhammad (1819–1850), „Bab" (arab. „das Tor") genannt, spaltet sich in der Nacht zum 23.5. vom schiitischen Islam ab und gründet den Babismus, den unmittelbaren Vorläufer der Bahai-Religion. Abd al-Baha, der Sohn Ali Muhammads, sorgte für die Verbreitung der Botschaft seines Vaters auch im Westen, so dass die Bahai in Europa keine unbekannte Religion geblieben ist. Kern der Bahai ist die Idee einer Weltreligion, die von Toleranz und Friedfertigkeit geprägt ist. Sie kennt kein Priesteramt und keine Rituale. Bahai-Häuser der Andacht gibt es mittlerweile weltweit. Sie stehen allen Menschen unabhängig von Rasse, Religion oder Geschlecht offen.

SCHÖPFUNG

MENSCH

In Frankenhausen am Fuße des Kyffhäusergebirges gibt es ein beeindruckendes Museum: das Bauernkriegspanorama. Werner Tübke aus Leipzig hat darin unter dem Titel „Frühbürgerliche Revolution in Deutschland" zwischen 1976 und 1987 eines der größten Tafelbilder der Welt geschaffen. Tübke stellt ein Zeitbild der Epoche der Renaissance dar, zitiert, kopiert, entwirft und wagt die Abbildung eines Augenblicks der Geistesgeschichte. **THOMAS MÜNTZER** (Hinrichtungstag 27.5.1525) ist ebenso zu sehen wie Martin Luther, Albrecht Dürer und andere Zeitgenossen. Die zentrale Szene bildet die Schlacht bei Frankenhausen ab. Thomas Müntzer, der Anführer der aufbegehrenden Bauern, ist bereits ernüchtert, der Niederlage gewiss und seines eigenen Todes gewärtig, dargestellt. Müntzer ist eine spannende Person. Er gehört zu den Reformatoren, konnte aber das Arrangement mit den weltlichen Herren nicht mitvollziehen und sah im Elend der Bauernschaft eine Herausforderung zur Einmischung in die ungerechten Verhältnisse seiner Zeit. Von tiefer mystischer Frömmigkeit geprägt, die ihn an der Unmittelbarkeit der Gottesbegegnung und an der tiefen Freiheit jedes Menschen von Herrschaft und Zwängen festhalten lässt, gerät er in einen Strudel der Gewalt, der er selbst zum Opfer fällt. In Frankenhausen werden 6000 verwirrte und flüchtende Bauern ermordet, während das angreifende Fürstenheer sechs Opfer zu beklagen hat. Es lohnt sich, der Mystik neu auf die Spur zu kommen. Das geht am besten mit:

Dorothee Sölle: Mystik und Widerstand. Du stilles Geschrei, Hamburg 1997, über Müntzer hier: S. 118–122.

 Der Protestantismus hat viele Blüten getrieben. Zahlreiche Erweckungsbewegungen, Kirchengründungen und andere Bestrebungen sind auf seine Kräfte zurückzuführen. Die Quäker, die sich selbst „Religiöse Gesellschaft der Freunde" nennen, gehören dazu. Die Quäker sind eine radikal pazifistische, basisdemokratische und tief fromme Bewegung, die sich vor allem durch ihre für viele befremdliche Art der Gottesdienstfeier hervorhebt: das Schweigen.

Am 21. 5. 1780 wurde in England **ELIZABETH FRY** geboren, die sich als junge Frau zu den Quäkern hingezogen fühlte und deren Frömmigkeit und Glaubenspraxis zur ersten Gründung eines Vereins zur Unterstützung weiblicher Gefängnisinsassen führte. Sie hatte die unzumutbaren Verhältnisse in einem Frauengefängnis in London mit eigenen Augen gesehen und sich für den Rest ihres Lebens der Änderung der Zustände verschrieben. Sie ist die erste Person, die Gefangene als Menschen ansieht, denen durch Bildung und Selbstverwaltung geholfen werden kann und muss. Ihrer großen Ausstrahlung ist zu verdanken, dass infolge ihres Engagements zahlreiche Gefängnisreformen in ganz Europa Fuß fassten. Sie erreichte Veränderungen in Deutschland, Russland, Italien und Nordamerika. Sie kümmerte sich um die Belange von Prostituierten und Epileptikerinnen, und sie setzte sich gegen den Handel mit Sklaven und Sklavinnen ein. Dabei war sie immer dem Gedanken der Gleichheit der Menschen vor Gott verpflichtet.

Wenn in deiner Nähe ein Tümpel ist, dann
musst du jetzt nach **Kaulquappen** gucken
gehen! Aus den befruchteten Eiern der Frösche
schlüpfen bald die possierlichen Zwischen-
wesen, die sich tagtäglich verändern und einem
Frosch mit der Zeit immer ähnlicher werden.
Zuerst aber sehen sie aus wie urzeitliche
Wesen und haben die späteren Lungenflügel
außerhalb des Körpers. Schon bald wandern die
nach innen. Der große Kopf sieht niedlich aus.
Am Anfang sind die Quappen ohne Arme und
Beine und schwimmen nur mit Hilfe ihres
Schwanzes. Dann bilden sich Beine, dann Arme,
der Schwanz verkürzt sich. Zuletzt ist der
kleine Frosch zu erkennen und hüpft davon.

137

PFLANZE

Die **BIRKE** mit ihrem zarten Grün gehört in den Mai. Sie kommt nicht nur als Maibaum zu Ehren, häufig schmückt sie auch die Kirchen zum Pfingstfest.

Sie ist wegen ihres meist weißen Stammes sehr auffällig. Ist eine Gegend unbewaldet und wird sich selbst überlassen, sind die Birken die Ersten, die sich ausbreiten. Sie ist anspruchslos an den Boden und bereitet durch ihre Bereitschaft zur Erstbesiedlung die Waldbildung vor. Birkenzeisig und Birkhuhn sind – wie schon ihre Namen verraten - auf die Birke als Nahrungsquelle angewiesen. Aber auch zahlreiche Schmetterlinge und Insekten leben von der Birke.

In der germanischen Überlieferung ist die Birke der Baum der Göttin Freya. Sie ist ein Schutzbaum, dessen leuchtende Stämme in der Nacht Orientierung bieten können. In manchen Gegenden zeugen Birken als Straßenbäume noch von dieser Eigenschaft.

PLANET

Ein **MOOR** entsteht, wenn eine Gegend dauernd zu viel Wasser hat und das Wasser nicht abfließen kann. Im Unterschied zum Sumpf fällt ein Moor nie trocken. Wegen des Wasserüberschusses können die Pflanzen, die im Moor wachsen, nicht verrotten. Weil Sauerstoff fehlt, entsteht Torf. Im Sumpf kann dadurch, dass er gelegentlich ganz austrocknet, der Abfall vollständig verrotten, und es entsteht Humus. Moore sind sehr spannende Gegenden. Viele stehen unter Naturschutz, und man kann sie besichtigen. Das lohnt sich. Besonders wegen der Birken, die da meistens zu sehen sind.

LIEBEN UND ARBEITEN

Die Arbeit gehört zu den Menschen wie die Liebe. Da ist die Bibel ganz klar (1 Mose 1, 17 ff). Und oftmals ist Arbeit eine Qual, auch das ist biblisch unstrittig. Landwirtschaftliche Arbeit gehört zum Schöpfungsauftrag. Da schimmert etwas durch, was die tiefe religiöse Bedeutung der Arbeit angeht. Im Arbeiten werden die Menschen Mitgestaltende.

Die Bibel kennt aber auch viel entfremdete Arbeit: Sklavenarbeit, Frondienste, Knechtschaft. Sie kennt außerdem den Gedanken des Dienstes als „Arbeit für Gott" im Gegensatz zur „Arbeit für die Herrschenden" (2 Mose 9, 1). Trotzdem erschöpft sich das Leben – nach biblischer Auffassung – nicht im Arbeiten, sondern die Mitte des Lebens ist der Ruhetag, der Sabbat. Diesen Gedanken kann man erkennen, wenn man etwa die Anordnung der Gebote betrachtet (2 Mose 20 und 5 Mose 5). Sie sind Kunstwerke der Belehrung, die im 7. Jahrhundert v. Chr. entstanden sind. Genau in ihrer Mitte, in der Mitte einer Anordnung zur „Bewahrung der Freiheit" (wie man sie auch nennen kann), steht der Schutz des Sabbats. Das ist kein Zufall. Der Kern aller Freiheit ist die Bewahrung der Pause. Hierauf haben weder Profit noch Gier Zugriff. Hier ist Freiheit. Freiheit zur Liebe.

139

NÜTZLICHES

Im Garten steht der Waldmeister jung und frisch und will in die **MAIBOWLE.** Die geht so:

½ l trockener Weißwein, ¼ l trockener Sekt, 2 EL brauner Rohrzucker, 1 Päckchen Vanillezucker, 5 Stängel nichtblühender Waldmeister, 1 Stängel Minze, ein Stängel Zitronenmelisse, 2 Zitronen in Scheiben. Zusammentun, bisschen stehen lassen und gern mit sichtbaren Zutaten gekühlt servieren. Die Zitronenscheiben kommen zuletzt in die Gläser mit dem Getränk.

Für Kinder einfach den Weißwein durch Apfelsaft ersetzen und den Sekt durch Mineralwasser mit Sprudel. Dann sollte es auch ein bisschen mehr Zucker sein.

Und wenn der Mai sehr warm ist und erste Erdbeeren reif sind, kann man das Ganze noch durch frische Erdbeeren unwiderstehlich machen.

Am Morgen zu beten:

Gott, segne meine Arbeit.

Lass gelingen, was dir gefällt.

Lass mich das Scheitern ertragen

ohne Bitterkeit.

Lass mich Früchte sehen.

Wenigstens kleine.

Schön mögen sie sein.

Und gönn mir beizeiten einen

Feierabend.

Zum Atemholen

und Genießen.

Amen.

JUNI

Sie saßen am Küchentisch.

„Mir fehlt er sehr", sagte Lisa.

Martha wunderte sich. Meistens waren die Geschwister wie Feuer und Wasser.

Dauernd krachte es im Kinderzimmer. Sie hätte gedacht, dass Lisa froh war, ihren kleinen Bruder für eine Weile los zu sein.

Björn war am fünften Juni zehn geworden. Alt genug, um allein zu verreisen.

Das hatten sie alle gedacht.

Schon im letzten Sommer hatte die Kinderärztin eine Kur empfohlen. Björns Neurodermitis war kein Spaß mehr.

„Es gibt Kurkliniken, die haben echten Erfolg bei der Behandlung", hatte die Ärztin geschwärmt. „Manche Kinder sind die Krankheit danach vollkommen los."

Gibt es denn das?, hatte Martha sich gefragt. Aber natürlich wollte sie jeden Strohhalm ergreifen, der Björn Linderung versprach. Seit Säuglingstagen plagte ihn die Haut. Manchmal sah er schlimm aus. Oft quälte ihn der Juckreiz sehr.

Als er fünf wurde, hatten sie ein Klavier ersteigert, um dem Rat eines Freundes von Peter folgen zu können, der gemeint hatte, das Klavierspiel könnte Kinder vom Kratzen ablenken. Mag sein, das hatte ihnen auch ein bisschen geholfen. Beide Kinder nahmen Klavierunterricht. Martha war skeptisch, ob Hochkultur Zappligkeit heilen könnte. Aber Peter, der selbst als Kind und Jugendlicher Gitarre spielen gelernt hatte und vom Nutzen solcher Lernaufgaben überzeugt war, begleitete die Kinder und ihre Fortschritte mit Konsequenz und Begeisterung.

Die Neurodermitis war bis jetzt durch keinen Trick, keine Nahrungsumstellung, keine Waschmittelreform, keine medizinische Behandlung wirklich und nachhaltig weggegangen. Also eine Kur.

Sie hatten sie beantragt. Die Krankenkasse hatte sie genehmigt.

Jetzt war Björn seit vier Tagen an der Nordsee. Sie hatten ihn zusammen dorthin gebracht. Er hatte sich gefreut und mit ihnen stolz das moderne und schöne Kurheim in unmittelbarer Strandnähe angesehen. Nach dem Abendbrot waren sie zurückgefahren. Da hatte er schon sehr betrübt ausgesehen und mit bangem Blick gewunken. Dann hatte er heftig geweint. Martha hatte sein Schluchzen am Telefon kaum aushalten können. Er hatte Angst. Er vermisste sie. Er kannte niemanden.

„Du wirst andere Kinder kennenlernen", versuchte sie ihn zu trösten.

„Nur Mut", beschwichtigte sie. „Warte doch erst einmal den morgigen Tag ab. Björn! Sei tapfer." Ihr war hundeelend, aber sie wollte ihn stärken. Als er aufgelegt hatte, sah sie Peter ratlos an.

„Morgen ist er besser drauf", sagte der.

Aber am nächsten Tag weinte Björn wieder.

Am übernächsten auch.

Er hatte Heimweh. Ganz doll.

Alle Spiele, alle Angebote, alle Behandlungen und originellen Ideen des Personals der Klinik nutzten nichts. Björn war traurig.

S ie saßen am Küchentisch.

„Tut immer so obercool", sagte Lisa. „Und jetzt ist er so groß mit Hut." Sie spannte Zeigefinger und Daumen auseinander und zeigte den Abstand. Dabei guckte sie anders als sonst, keineswegs wie eine altkluge größere Schwester, sondern aus ihrem Gesicht blickte das reine Mitleid.

„Was machen wir?", fragte Martha.

„Ihr müsst ihn nach Hause holen", stellte Lisa fest.

„Das wäre doch dumm", meinte Peter. „Es ist eine unglaubliche Chance. Dort kann man ihm helfen. Er könnte gesund werden."

Peter sah die beiden Frauen an.

„Er muss da durch", unterstrich er seine Meinung.

Mein Gott. Denkt er. Na klar werden wir ihn abholen. „Irgendwo durch" muss keins meiner Kinder. Außer durch mein Schicksal. Er spürte eine tiefe Trauer.

„Ich würde ihm gern helfen", fuhr er fort.

Martha schwieg. Sie war müde. Sie war ratlos.

isas Augen begannen zu leuchten. „Ich habe eine Idee", sagte sie und sah ihren Vater an.

„Fahr hin und mach mit! Du bist doch sowieso zu Hause."

Martha saß still. Sie spürte dem Gedanken nach.

Stimmt. Er ist zu Hause. Aber es geht ihm nicht gut. Er ist krank. Kann er denn? Könnte er denn zu Björn fahren? Können wir uns das leisten?

„Was wird ein Tag in dieser Klinik kosten?", fragte Peter.

Gedankenübertragung!

„Wir rufen morgen früh die Klinik an und dann die Kasse. Vielleicht hast du sogar als Schwerbehinderter ein Sonderrecht und könntest das in diesem Fall ausnutzen?" Martha schnitt ein heikles Thema an.

„Und wenn die nichts bezahlen?" Peter hatte schlechte Erfahrungen mit Kassenleistungen und seiner Krankheit.

„Dann überschlagen wir die Kosten und sehen weiter."

„Und wenn es zu teuer ist, holen wir Björn ab." Lisa brachte es auf den Punkt.

„Vorher fragen wir aber Oma, ob sie nicht was locker machen könnte, um ihren Lieblingssohn zu ihrem Lieblingsenkel an die Nordsee fahren zu lassen", ergänzte sie frech.

Sie hat recht. Dachten Peter und Martha zur selben Zeit. (Ohne es zu wissen.)

Wir finden eine Lösung. Für uns alle. Sicher. Martha gewann wieder Zuversicht. Sie würde Lisas Idee nachher Björn erzählen. Das würde ihn trösten.

DIES UND DAS

JUNI kommt von Juno, einer römischen Göttin, die als Hüterin der Sterne und Schutzgöttin der Frauen und der Ehe galt.

Außerdem sind noch die Namen **BRACHMONAT**, Grasmonat, Rosenmonat, Johannismonat und Sommermonat für den Juni bekannt. Unschwer zu erkennen: Alle Namen haben etwas mit der Jahreszeit zu tun. Klar, es ist Sommer. Hoffentlich.

CHRISTLICHES

Am 24.6. wird der **JOHANNISTAG** gefeiert. Nach der biblischen Überlieferung war Johannes der Täufer ein halbes Jahr älter als Jesus. Deshalb wird sein Geburtstag am 24.6. angenommen. Seine Mutter war die alte Elisabeth, sein Vater der weise Zacharias, nachzulesen im Evangelium nach Lukas im 1. Kapitel. Johannes der Täufer war eine Art „Vorläufer" Jesu, ein Mann, der wie Jesus selbst die Menschen aufforderte, ihr Leben zu ändern, Gerechtigkeit zu üben und Gottes Leidenschaft für die Armen zu teilen. Er wurde, wie Jesus auch, von der römischen Besatzern, die Palästina damals beherrschte, ermordet. Unmittelbar nach Johannes' Märtyrertod übernahm Jesus das Amt des Mahners und Propheten und begann in aller Öffentlichkeit, die Menschen auf Gottes Willen zur Gerechtigkeit hinzuweisen. Genauso wie Johannes nahm Jesus dabei kein Blatt vor den Mund, sondern legte den Finger in die Wunde einer grausamen und menschenverachtenden Gesellschaft, wie es das Römische Reich war. Wie heute gab es wenige Reiche und massenweise Arme, deren Schicksal großes Elend und hoffnungslose Ausbeutung war. Johannes und Jesus stehen mit ihrem Reden und Handeln in der alten Tradition der Propheten und Prophetinnen Israels, die seit Jahrhunderten einklagten, dass GOTT Gerechtigkeit und Leben für die Armen will.

149

VOLKSTÜMLICHES

Der **SIEBENSCHLÄFER** spielt am 27.6. die Hauptrolle. Das kleine Tier trägt seinen Namen nach dem Gedenktag für sieben christliche Märtyrer, die im 3. Jahrhundert nach Christus vor der Verfolgung durch den Kaiser geflohen sein sollen und sich in einer Höhle versteckten, wo der Verfolger sie einmauern ließ. Im 5. Jahrhundert wurden die Eingeschlafenen – der Legende nach – durch Zufall aufgeweckt. Außerdem ist der 27.6. ein „Lostag", ein Tag, an dem das Wetter besonders gut voraussagbar sein soll. Für den Siebenschläfer gilt die Regel: Wie das Wetter an diesem Tag, so ist es in den folgenden sieben Wochen.

150

AUS ALLER WELT

In China wird am 19.6. jeden Jahres das **DRACHENBOOTFEST** gefeiert. Es geht auf den Dichter Qu Yuan zurück, der als Mahner am Königshof gelebt hatte. Der König wollte Qus Worte nicht mehr hören und verstieß ihn. In einem langen Klagegedicht (Lisao) schildert der Dichter seinen Weg in die Einsamkeit und zuletzt in den Tod in den Fluss Miluo. Die Drachenboote dienen der Erinnerung, weil die Leute des nahen Dorfes versucht haben sollen, ihn mit ihren Drachenbooten zu retten, was ihnen aber nicht geglückt ist.

SCHÖPFUNG

MENSCH

ANNELIES (ANNE) MARIE FRANK wird am 12.6.1929 in Frankfurt am Main geboren. Ihre Eltern halten sie zum Lesen an und lehren sie, die Traditionen des jüdischen Glaubens zu bewahren. Anne – ein extrovertiertes, lebhaftes Mädchen, rebellisch und impulsiv – wächst behütet auf. Das Frankfurt ihrer frühen Kindheit kennt ein friedliches Miteinander verschiedener Religionen. Als es nach Hitlers Machtergreifung zu antisemitischen Demonstrationen kommt, sucht Familie Frank in den Niederlanden Schutz. Die Nachrichten aus Deutschland – brennende Synagogen, Verhaftungen von Verwandten, Enteignungen – sind schockierend.

„O ja, ich will nicht umsonst gelebt haben wie die meisten Menschen. Ich will den Menschen, die um mich herum leben und mich doch nicht kennen, Freude und Nutzen bringen. Ich will fortleben, auch nach meinem Tod."

Mit der Besetzung der Niederlande durch die Deutsche Wehrmacht 1940 werden auch die niederländischen Juden und Jüdinnen verfolgt. Als Annes Schwester 1942 in ein Arbeitslager deportiert werden soll, versteckt sich die Familie schnellstens in einer bereits vorbereiteten Wohnung im Hinterhaus der väterlichen Firma. Im selben Jahr bekommt Anne zum Geburtstag ein Tagebuch geschenkt.

Mehr als zwei Jahre muss sich Familie Frank zusammen mit vier weiteren jüdischen Menschen in der nur 50 Quadratmeter kleinen Wohnung verstecken. Miep Gies, die vormalige Sekretärin des Vaters, riskiert ihr Leben und versorgt sie mit Lebensmitteln, Literatur und aktuellen politischen Informationen. Am 4.8.1944 fliegt das Versteck durch einen anonymen Anruf bei der Gestapo auf und alle werden nach Bergen-Belsen deportiert. Kurz bevor die britischen Truppen am 15.4.1945 das Lager befreien, stirbt Anne an Typhus. Wenig später findet Miep Gies Annes Tagebuch. „Das Tagebuch der Anne Frank" wird nach Kriegsende von ihrem Vater, der das Lager überlebt hat, veröffentlicht.

TIER

Der **SIEBENSCHLÄFER** aus der Familie der Bilche: Der etwa 16 cm lange Nager erhielt seinen Namen wegen seines sieben Monate andauernden Winterschlafes. Er sucht sich sein Schlafquartier, das er sich mit seiner Familie teilt, in hiesigen Obstgärten, Baumlöchern, Vogelhäuschen sowie unter Hausdächern.

Bevor er schlafen geht, ist er ein echter Vielfraß: Nahezu minütlich führt er seine Vorderpfoten zum Mund, um Früchte, Samen, Pilze, Knospen oder kleinere Insekten zu verspeisen und sich so Winterspeck anzufressen. Mit diesem Speck galt er schon in der Blütezeit des Römischen Reiches bis in unsere Tage als schmackhafter und sättigender Braten.

Sind sie aus dem Winterschlaf erwacht, beginnen sie sich lautstark zu paaren und bringen nach einem Monat vier bis elf Junge zur Welt. Feinde des Siebenschläfers sind neben Mardern, Eulen und Katzen vor allem Mäuse, die ihn während seines tiefen Schlafes annagen. Besonders die Menschen, die ihn jagen, haben seine Lebensgrundlage weitgehend zerstört, so dass er heute auf der Roten Liste gefährdeter Tierarten steht.

In Gefangenschaft ist er selbst gegenüber denen, die ihn pflegen, in gereizter Stimmung, knurrt jeden an und beißt schnell zu.

BIBEL
GEGEN DEN STRICH
GEBÜRSTET

DIE SPUREN DES WÜSTENVOLKES MIDIAN

Viele biblische Geschichten spielen in der Wüste und zahlreiche wichtige Ereignisse nehmen dort ihren Anfang. Ein Teil der Wurzel des Volkes Israel liegt vermutlich ebenfalls in der Wüste. Die Spur, die uns dahin führt, ist der biblische Bericht über Moses Frau, die eine Priestertochter aus dem Volk Midian gewesen und Zippora geheißen haben soll (2 Mose 2,11–4,31). Niemand weiß genau, wo das Volk Midian gelebt hat und wer die Leute von Midian überhaupt gewesen sein sollen. Aber es wird angenommen, dass sie ihren Stammessitz in der Wüste auf der Halbinsel Sinai gehabt haben. Das meiste dieser wenigen Hinweise gehört in das Reich der Legende. Aber wie das bei Legenden so ist: Sie enthalten im Kern tiefe Wahrheiten und überliefern wichtige Weisheiten, ohne die manche Zusammenhänge der Geschichte unklar bleiben müssten. Über das Volk Israel erfahren wir auf diesem rätselhaften Weg, dass das im Judentum bis heute unentbehrliche Ritual der Beschneidung der männlichen Kinder auf die Kultur des Volkes Midian zurückgeht. Zippora nämlich ist es, die die erste Beschneidung vornimmt (2 Mose 4,25).

Außerdem ist es der midianitische Schwiegervater, der Mose den wichtigen Rat gibt, nicht alle Rechtsgeschäfte und Gerichtsverhandlungen selbst zu führen, sondern „Schiedsleute" einzusetzen, die sich um die alltäglichen Auseinandersetzungen kümmern und nur die schwierigen Fälle an Mose weiterleiten (2 Mose 18). Aus Midian kommt also eine Rechtsordnung, die bis heute das Gerichtswesen fast aller Völker prägt: Lokale Gerichtsbarkeit regelt die Fragen, die dort lösbar sind. Höhere Gerichte kümmern sich um schwierigere Fälle.

Die Lebensgeschichte des Mose ist eine kunstvolle Komposition unterschiedlicher Überlieferungsstränge, der es gelungen ist, vielfältig bunte, zum Teil gegensätzliche Berichte und Legenden zu einem stabilen Teppich des Lebens zu verweben, der bis heute zwar durchgewetzte und ausgeblichene Stellen hat, aber immer noch trägt und hält.

156

NÜTZLICHES

JOHANNISKRAUT

Das „Heilkraut der Kräuter" wird schon seit Jahrtausenden als Arzneimittel für verschiedene Leiden genutzt. Heute gilt es als eine der großen Entdeckungen in der Behandlung von depressiven Verstimmungen. In Deutschland existieren neun verschiedene Arten des Johanniskrautes, welches in die Familie der Hartheugewächse gehört. Von Bedeutung ist jedoch nur das sogenannte Tüpfeljohanniskraut (Hypericum perforatum). Es bevorzugt trockene Urgestein- und Kalkböden an sonnigen Wegen und Mauern. Es wird etwa 60 bis 100 cm groß. Die Stängel sind rund, kahl und haben zwei Längskanten. In den länglichen Blättern befinden sich kugelige Öl- und Harzdrüsen. Diese geben dem Kraut sein unverwechselbares Aussehen und auch seinen Namen „Tüpfeljohanniskraut". In den Monaten Juni bis September trägt die Pflanze kleine goldgelbe Blüten, die sich zu einer großen Scheindolde vereinigen. Werden die Blüten zerstoßen, tritt ein blutroter Saft hervor. Die meisten Wirkstoffe sind in den Blüten enthalten. Gesammelt werden die Blüten und Blätter mit ihren Stängeln. Sie werden an einem trockenen luftigen Ort als kleine Bündel oder auf Gittern getrocknet. Nach der Trocknung wird das Kraut in dunklen verschließbaren Gefäßen aufbewahrt und kann als reiner Tee oder für Teemischungen verwendet werden.

Aus den frischen Blüten ist ein Öl herstellbar, das sich zur Behandlung von offenen und stumpfen Verletzungen und als Massageöl eignet. Dazu werden 125 Gramm frische Blüten zerstoßen und mit 500 Milliliter Olivenöl vermischt. Die Mischung kommt in ein lichtdurchlässiges Gefäß und bleibt sechs Wochen gut verschlossen auf der Fensterbank stehen. In dieser Zeit erhält das Öl eine kräftig rote Farbe und wird durch die Wirkstoffe angereichert. Danach muss das Öl abgegossen und in eine dunkle Flasche umgefüllt werden und kann zur Anwendung kommen.

Wüstentage meines Lebens

kenn ich gut,

spür, wie die Zunge am Gaumen klebt

und alle Hoffnung vertrocknet.

Dann sind die alten Geschichten,

dass GOTT es gut mit uns meint,

magere Tropfen lebendigen Wassers.

Besser als nichts

und das Einzige, was erfrischt.

Wenigstens manchmal.

Und ein bisschen.

Das lass ich mir nicht nehmen.

Das geb' ich nicht her.

Ich bleibe komisch,

weil ich von GOTT nicht lasse.

Aber so hoff ich weiter

auf Trost und Leben.

Tag für Tag.

JULI

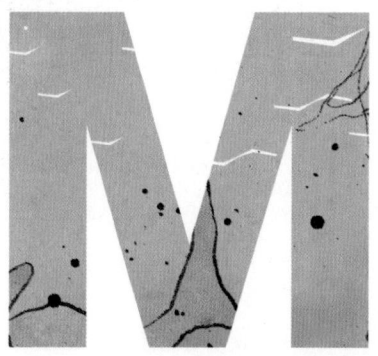

it zwölf wächst der Busen.

Mit zwölf wachsen die Arme und die Beine.

Mit zwölf wachsen die ersten Haare auf dem Schamhügel und unter den Armen.

So ein Mist. Lisa ist ganz und gar nicht begeistert.

Sie waren Badesachen kaufen. Jetzt brauchte sie einen richtigen Bikini. Sie wollte einen rosafarbenen. Martha hätte ihr lieber einen blauen gekauft.

Sie hatten Ferien. Es war heiß.

Der Familienurlaub begann erst in ein paar Tagen.

Seit Dienstag war Lisa von ihrer ersten Reise zurück. Sie war mit Björn im Kindercamp der Kirchgemeinde. Es war schön. Wild. Romantisch. Verrückt und spannend.

Jetzt waren sie wieder zu Hause. Das gute Wetter hielt an.

Badewetter.

Barbara rief an. Sie verabredeten sich.

Lisa packte den neuen Bikini ein, nahm sich ein Handtuch, ihren Schmöker, Sonnencreme, Trinkflasche, Kekse und die alte Decke. Die Sachen stopfte sie in die gelbe Tasche. Die klemmte sie hinten aufs Fahrrad. Dann fuhr sie los.

Die Straße runter, durch die Gärten, über die große Kreuzung, hinter in die Siedlung.

Sie klingelte bei Müllers.

Barbara guckte aus dem Fenster.

„Bin gleich so weit!", rief sie und verschwand wieder.

Lisa guckte zum Haus. Der kleine weiße Hund von Müllers lag müde und träge unter einer Tanne. Sonst war alles leblos. In der Hitze hatte sich alles Leben in die Häuser verzogen. Am Himmel zog ein

Flugzeug einen Kondensstreifen hinter sich her. Wolkenloses Blau. Schneeweiser Streifen. Dunkelgrüne Tanne. Gelbe Tasche.

Lisa sah an sich runter.

Zwei kleine Huckel wölbten sich unter dem Ringelshirt. Ihre braunen Beine guckten aus gelben Shorts. An den Füßen hatte sie Flipflops vom vorigen Sommer.

Wann ist man eine Frau?, fragt sie sich.

Wenn man sich verliebt? Oder wenn man mehr ernst guckt als albern?

Ich werde Barbara fragen.

Kommt die bald? Jetzt waren ihre Gedanken schon ein bisschen genervt. Sie verdrehte die Augen und machte einen Schmollmund. Fast hätte sie im neben ihr parkenden Autofenster nachgeschaut, wie sie aussah.

Werde ich jetzt eine Zicke?

Barbara kam.

Sie radelten zusammen zum Steinbruch. Unterwegs plapperten sie die ganze Zeit. Barbara war mit ihrer Schwester im Ferienlager in Böhmen gewesen. Sie erzählte begeistert. Besonders gut hatte ihr Tom gefallen.

„Der Tom?", fragte Lisa.

„Nein, ein anderer", Barbara wusste Bescheid.

Sie kamen zum Steinbruch. Es standen viele Fahrräder rum.

Wer konnte, ging baden.

Sie schlossen ihre Räder an und suchten den schmalen Durchgang durch eine alte Mauer, hinter der sich der Zugang zum Steinbruch verbarg. Sie mussten an Brombeeren und Brennnesseln vorbei. Viele Füße hatten den Weg platt getrampelt.

Er führte zuerst durch ein schattiges und stilles Nadelwäldchen.

Nachdem sie dem Pfad einige Minuten gefolgt waren, hörten sie Stimmengewirr und Lachen. Sie kamen rasch zum hellblau in der Sonne glitzernden Spiegel des winzigen Sees.

Der kleine Strand war voller Leute. Die Hitze stand wie eine Mauer über der Szene. An drei Seiten war der Teich eingerahmt von Felsmauern, den Resten des Steinbruchs. Große Jungs sprangen mit lautem Geschrei von oben ins Wasser. An anderen Stellen lagerten kleine Grüppchen von Leuten auf Felsvorsprüngen, die mittels Kletterkünsten vom Wasser aus erreichbar waren.

Barbara und Lisa hatten auch so eine Felsnase, die sie ihr geheimes Plätzchen nannten.

Dorthin schwammen sie, nachdem sie ihre Sachen ausgebreitet und sich umgezogen hatten.

„Toller Bikini", lobte Barbara die Neuanschaffung.

„Ich kriege Brüste. Guck mal", erwiderte Lisa darauf.

„Nicht zu übersehen", kicherte Barbara.

„Blöd, was?"

„Nö. Wieso? Alle warten darauf."

„Ich nicht."

„Ach. Kannste nichts dagegen machen." Barbara lachte. „Ich würde mich freuen."

Sie rannten ins Wasser. Es war warm. Gemeinsam schwammen sie über den kleinen See.

Als sie zu ihrem Felsvorsprung kamen, kletterte Lisa zuerst raus, Barbara folgte ihr.

Es war gerade genug Platz für ihre beiden schmalen Körper. Sie streckten sich auf dem warmen Stein aus. Sie waren ganz still.

Das Wasser plätscherte gegen den Stein. Der Strand lag in gleißendem Licht auf der anderen Seite und sah aus wie eine andere Welt. Die kreischenden Jungs klangen fern. Neben ihrem Plätzchen klammerte sich eine zarte Birke im Gestein fest. Riesengroße Libellen rasten über das Wasser und blieben abrupt stehen, änderten die Richtung und wiederholten das Spiel. Eine kam ihnen sehr nah. Sie konnten die Augen des Insekts sehen.

Barbara kreischte.

„Reg dich ab", beschwichtigte Lisa. „Ist bloß eine Libelle."

„Können die beißen?", fragte Barbara.

Lisa lachte: „Ja, sie beißen dich gleich in deinen Po!"

Dann waren sie wieder still.

„Wann wird man eine Frau?", traute sich Lisa endlich zu fragen.

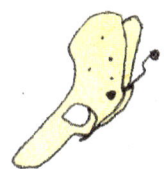

DIES UND DAS

Seit 44 vor Christus trägt der Monat den Namen des römischen Kaisers Julius Cäsar, der im **JULI** Geburtstag feierte. Er hatte den römischen Kalender auf 365 Tage umgestellt und den Januar zum ersten Monat des Jahres erklärt. Wenn Menschen besonders mächtig sein wollen, ändern sie gern etwas an der Zeitrechnung.

Im Juli ist Hochsommer und mancher heiße Tag wird von einem heftigen Gewitter unterbrochen. In diesem Monat wird das Gras gemäht und Heu daraus gewonnen, weshalb der Juli auch „Heumonat" genannt werden kann. Die Namen Bärenmonat oder **HONIGMONAT** weisen auf den Fleiß der Bienen im Sommer hin.

CHRISTLICHES

DER ISRAELSONNTAG wird elf Wochen nach Pfingsten begangen und hat den einstigen Sonntag „Zum Gedächtnis an die Zerstörung Jerusalems" in der evangelischen Gottesdienstordnung abgelöst. Der Schwerpunkt des Gottesdienstes an diesem Tag soll auf dem fundamentalen Zusammenhang zwischen Christentum und Judentum liegen, wobei der Vorrang des Judentums gewürdigt werden muss. Die Feier des Israelsonntags im evangelischen Kirchenjahr ist der Versuch, den jahrhundertelang unstrittigen Antijudaismus der Kirche(n) zu bekämpfen und ihm die lebendigen Ergebnisse des jüdisch-christlichen Gespräches, das seit Ende des Zweiten Weltkrieges in Deutschland geführt wird, gegenüberzustellen. Erkenntnisse wie, dass Jesus und Paulus ihr Leben lang Juden waren, oder, dass die ersten 150 Jahre der „Kirchengeschichte" die Geschichte der messiasgläubigen Menschen unter dem Dach der Synagoge, also des Judentums, ist und es erst sehr viel später als oftmals angenommen zur unheilsamen Trennung von Kirche und Synagoge kam. Nur schleppend werden Grunderkenntnisse der neueren Forschung zu diesem Thema in Kirche und Gemeinde getragen. Noch schleppender aber in die Bibelübersetzungen, insbesondere in die Kinderbibeln. Unstrittig ist heute, dass es den gern beschworenen Widerspruch zwischen Jesus und den „Schriftgelehrten", den Pharisäern und Pharisäerinnen, nicht gegeben hat. Im Gegenteil verdichtet sich der Verdacht, dass die Jesusbewegung der pharisäischen Bewegung sehr nah stand. Trotzdem bleibt es – gerade in Kinderbibeln – bei dem alten antijudaistischen Gegensatz von Jesus und den „Anderen", was die tiefe innerjüdische Verbindung im Widerstand gegen Ungerechtigkeit und Grausamkeit verschleiern hilft. Die Bibel in gerechter Sprache ist zurzeit die einzige Übersetzung ins Deutsche, die die Ergebnisse des jüdisch-christlichen Dialoges in die Übersetzungsarbeit umgesetzt hat. Sie ist viel gescholten worden, stellt aber eine reizvolle Herausforderung dar.

JÜDISCHES

Der Tempel in Jerusalem hatte für das Judentum jahrhundertelang eine überaus wichtige Bedeutung. Er stand für die Institutionalisierung der Religion, für das Priestertum, für den Kult, der aus Gottesdiensten und Festen bestand. Diese Bedeutungen waren ihm mehr und mehr zugewachsen. Die Zentralisierung der Religion hatte mit der Machtkonzentration in Jerusalem zu tun. In anderen Zeiten kannte das Judentum auch andere heilige Kultstätten, wahrscheinlich sogar weitere Tempel.

Die großen Kriege, die das kleine Land Israel zerstörten, zielten auf die Eroberung der Hauptstadt und gingen mit der Zerstörung des Tempels einher. 587 vor Christus fiel er den Kriegern aus dem Zweistromland zum Opfer. Jahre später wurde er wieder aufgebaut. 70 nach Christus brannten ihn die römischen Soldaten unter dem Feldherren und späteren Kaiser Titus nieder. Etwa um den 20. Juli herum gedenkt das Judentum heute dieses Verlustes und begeht das Erinnern als Trauer- und Fastenzeit. **TISCHA BE'AV** heißt das Fest auf Hebräisch. Die Synagogen erscheinen schmucklos, die biblischen Lesungen entstammen den Klageliedern des Jeremia.

VOLKSTÜMLICHES

KINDERSCHERZ:

Sag ganz schnell dreimal hintereinander „getrocknetes Gras, getrocknetes Gras, getrocknetes Gras".

Wer das wortwörtlich wiederholt, sorgt für Heiterkeit. Es muss einfach „Heu, Heu, Heu!" heißen.

AUS ALLER WELT

FEST DER GÖTTIN AMMAN in Kuala Lumpur, ein Fruchtbarkeits- und Schutzfest tamilischer Frauen, deren Vorfahren im 19. Jahrhundert aus Sri Lanka nach Südindien auf die malaysische Halbinsel einwanderten, um auf den Teeplantagen und im Eisenbahnbau zu arbeiten.
Die Göttin Amman soll die Frauen vor Unglücken schützen. Sie wird deshalb heftig und leidenschaftlich verehrt, weil das Leben der Tamilinnen schwer und entbehrungsreich ist.
Im Morgengrauen versammeln sich am Rande der Großstadt 3000 barfüßige Frauen in feuerroten Saris und mit Girlanden aus weißen Blüten um die Schultern. Auf dem Kopf tragen sie kleine Messingkrüge mit frischer Milch als Opfergabe für Amman. Sie setzen sich in Bewegung und fließen über eine Autobahn, die zu diesem Zweck gesperrt ist, in die Stadt zum Tempel. Auf dem Weg dahin beten sie ein Mantra und kauen Betelnüsse, die euphorisierend wirken. Viele der Frauen geraten außer sich und erreichen weinend und tief bewegt ihr Ziel: das Bildnis der Göttin, der Hüterin der Erde.

Um die Mittagszeit zerstreut sich die Frauenmenge und die Großstadt nimmt ihren gewöhnlichen, geschäftlichen Charakter wieder an.

Am letzten Sonntag im Juli wird in Irland ein besonderer **PILGER-WEG** beschritten. Etwa 25 000 Menschen erklimmen den nur 765 m hohen, aber von Unwettern und Stürmen heimgesuchten, steinigen und steilen Croagh Padraig. Sie gehen mit einem Eschenholzstock, um das Gleichgewicht zu halten. Viele von ihnen sind barfuß, obwohl das Gelände unwegsam und von scharfkantigen Steinen gesäumt ist. Die letzten Meter haben ein Gefälle von 45 Grad, bevor eine Ebene erreicht wird, auf der eine Kapelle steht, an der die Pilger klitschnass und erschöpft eine Massensegnung empfangen.

170

SCHÖPFUNG

MENSCH

Am 22.7.1878 (oder 1879, es gibt keine Geburtsurkunde) kam **JANUSZ KORCZAK** als Sohn angesehener und wohlhabender polnischer Juden in Warschau zur Welt. Viele Jahre seines Lebens war sein Judentum ihm kein weiteres Nachdenken wert. Die Familie war assimiliert. Er studierte Medizin und wurde noch vor Erreichen seiner Approbation ein bekannter Schriftsteller. Besonders seine Kinderbücher haben viele Leser und Leserinnen gefunden. Er arbeitete als Kinderarzt. 1911 trat er die Leitung des jüdischen Waisenhauses Dom Sierrot an, wo er an der Umsetzung seiner reformpädagogischen Ideen arbeiten konnte. Ihm war das Recht des Kindes auf Freiheit und Respekt wichtig, er entdeckte den eigenen Wert der kindlichen Persönlichkeit. Seine Liebe zu den Kindern schlug sich in zahlreichen Publikationen nieder. Auf ihn geht die Idee der Kinderrepublik zurück. In jenem Waisenhaus gab es eine Selbstverwaltung der Kinder.

Trotz seiner Anerkennung blieb seine Pädagogik umstritten. Sie passte nicht in patriotische Konzepte und ließ sich auch anderweitig nicht vereinnahmen.

Mit Erstarken des Antisemitismus und dem Einmarsch der Deutschen nach Polen begann Korczak über eine Emigration nach Palästina nachzudenken, die er aber verwarf. Stattdessen siedelte er mit allen seinen Kindern ins Warschauer Ghetto um, wohin die gesamte jüdische Bevölkerung Warschaus nach der Eroberung durch die Deutschen gebracht wurde. Dort lebten sie unter grauenhaften Bedingungen. Anfang August 1942 wurden die Kinder des Waisenhauses im Rahmen der planmäßigen Ermordung zum Zug nach Osten, dessen Zielbahnhof Auschwitz hieß, getrieben. Korczak blieb bei ihnen, obwohl ihm die Möglichkeit der Flucht angeboten wurde. Er wollte bei seinen Kindern bleiben. Augenzeugen berichten, wie es ihm gelang, seinen Schützlingen die Angst zu nehmen und mit welcher Würde der alte Doktor, wie man ihn nannte, zwei seiner Kleinsten auf dem Arm, selbst dem Todeszug voranging. Bis ins Gas. Das genaue Datum seiner Ermordung ist nicht bekannt. Es muss in der ersten Augusthälfte 1942 gewesen sein.

Ihr sagt:
„Der Umgang mit Kindern ermüdet uns.“
Ihr habt recht.
Ihr sagt:
„Denn wir müssen zu ihrer Begriffswelt hinuntersteigen.
Hinuntersteigen, uns herabneigen, beugen, kleiner machen.“
Ihr irrt euch.
Nicht das ermüdet uns. Sondern –
dass wir zu ihren Gefühlen emporklimmen müssen.
Emporklimmen, uns ausstrecken,
auf die Zehenspitzen stellen, hinlangen.
Um nicht zu verletzen

Am 1.7.1896 starb im US-amerikanischen Bundesstaat Connecti-
cut die Erfinderin von Onkel Tom, die Autorin, deren Feder das
bahnbrechende Buch „Onkel Toms Hütte" entstammte: **HARRIET
BEECHER-STOWE.** 1852 hatte sie es geschrieben und aus heutiger
Sicht ist es in vielen Passagen wirklich haarsträubend, aber es wurde
ein Welterfolg und das in erster Linie, weil es bei allen Schwächen
eine Streitschrift gegen die Versklavung von Menschen durch Menschen ist. Und dafür hat es alle Verehrung verdient. Tatsächlich verbreitete sich das Buch rasch und wurde im Krieg zwischen den Nord-
und Südstaaten der USA ein wichtiges Buch.

*Ich schrieb, was ich schrieb, weil
das Elend und die Ungerechtigkeit,
die ich sah, mich als Frau und als
Mutter bedrückten und mir das
Herz brachen, weil ich als Christin
die Schande für die Christenheit
empfand, und weil ich mein Land liebe und vor dem
kommenden Tag des Zorns zitterte. Es ist kein
Verdienst der Elenden, wenn sie weinen, oder der
Unterdrückten und Erstickenden, wenn sie keuchen
und kämpfen, und es ist kein Verdienst, daß ich
für die Unterdrückten sprechen muss – die nicht für
sich selbst sprechen können.*

Die Autorin war mit einem Pfarrer verheiratet und hat nach ihrem großen Erfolg noch zahlreiche weitere Bücher verfasst, die allerdings an „Onkel Tom" nicht anschließen konnten. Beweggrund für ihr Engagement war ihre tiefe christliche Überzeugung, dass Sklaverei mit dem christlichen Menschenbild und der einzigartigen Würde des Menschen aus Gottes Zuspruch unvereinbar ist.

TIER

Bis zu einer Tiefe von 400 Metern leben Fische, die knurren können wie wütende Hunde: die Knurrhähne. Sie lieben sandigen Grund, in dem sie mit ihren in langen Strahlen auslaufenden Brustflossen herumstochern und kleine Tiere aufstöbern. Sie fressen Fische und Krebse. Mit den seltsamen Brustflossen können sie sogar ein paar Meter am Meeresgrund herumtrippeln. **Knurrhähne** schmecken gut, weshalb man sie auch auf Fischmärkten angeboten bekommt.

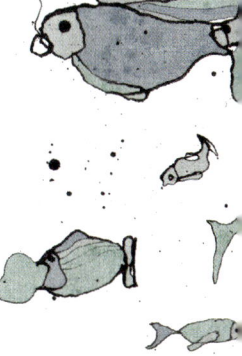

PFLANZE

Der **SOMMERFLIEDER** lockt Schmetterlinge an. Ursprünglich kommt die Pflanze aus tropischen Regionen, aber sie ist schon lange als Zier- und Gartengehölz in Europa verbreitet. (Der tropische Ursprung des Sommerflieders ist der Grund, warum er bei uns so schnell erfriert.) In China ist sie wegen ihres Formenreichtums in der traditionellen Gartenkunst sehr beliebt.

In unseren Breiten wird sie wegen ihres süßen Duftes und ihrer langen Blütezeit im Sommer geschätzt. Die Vielzahl Schmetterlinge, die an den traubenförmigen Blüten zu Gast sind, bereitet uns außerdem Freude. Selten kann man so viele unterschiedliche Arten dieser zarten Insekten beieinander beobachten.

Geht es heißer?

Natürlich ist die Sonne unter den Planeten unseres Sonnensystems am heißesten, aber keine feste Oberfläche heizt sich so auf, wie die des Planeten **Venus.** Bei Messungen wurden 460°C ermittelt! Außerdem ist die Venus in dicke gelbe Schwefelwolken gehüllt und ihre Oberfläche ist staubtrocken.

BIBEL
GEGEN DEN STRICH
GEBÜRSTET

DAS VOLK ISRAEL UND
DAS JUDENTUM. RELIGION UND VOLK?!

Das Judentum ist eine Religion der Erinnerung. Sie besteht aus Erzählen, Erzählen, Erzählen. Gegenstand dieses endlosen Wortstromes sind die Menschen, Gottes Bund und Gottes immer wiederkehrende Treue. Wie ein Fluss mäandert die Erinnerung durch die Geschichte. Der Auftakt ist die gute Schöpfung, der schon bald das Scheitern der Menschenkinder folgt. Aus allen Völkern herausgehoben wird Israel durch den Bund, den Gott mit den Nachkommen Abrahams und Saras schließt. So berichtet es der große Gründungsmythos. Ab dann wird dieser Bund gebrochen und erneuert. Unaufhörlich. Unablässig. Die Menschen erweisen sich als krumme Hölzer und Betrüger, aber sie sind aller göttlichen Zuwendung wert (etwa Jakob, der seinen Bruder um alle Erstgeborenenrechte prellt und dem Gott bis ins Letzte sagenhaft treu ist). Immer wieder wird ihnen Heimat und Rückkehr versprochen, nachdem sie selbst und leichtfertig die göttliche Verheißung aufs Spiel gesetzt hatten.

Diese Art des Glaubens, der permanenten offenen Kommunikation mit Gott macht das Judentum fremd im Kreis der anderen Religionen. Zum tödlichen Konflikt gerinnt die Spannung aber erst mit dem Aufkommen des Christentums, mit dessen politischen Erfolg und seinem Aufstieg zur Staatsreligion im Römischen Reich und anderswo. Die unlösbare Frage: „War Jesus der verheißene und erwartete Messias, auf den das jüdische Volk seit Jahrhunderten wartet, oder nicht?", hat die ursprünglich aus einer Wurzel getriebenen Geschwister zu Feinden werden lassen. Jedenfalls auf christlicher Seite ist ein Zorn entbrannt, dessen mörderischer Höhepunkt der Holocaust war.

Das Judentum ist die kleinste der Weltreligionen. Es hat nur 14 Millionen Mitglieder (so viele Einwohner hat Bombay!), von denen nur 4,9 Millionen in Israel leben. Und trotzdem ist sie die einflussreichste der großen Religionen. Eine weitere Besonderheit ist der Zusammenhang von Religion und Volk. Das Judentum ist eine Religion und ein Volk. Obwohl man Jude oder Jüdin sein kann, ohne religiös zu sein (jedenfalls heutzutage), gehört man als religiöser Jude immer zugleich zum jüdischen Volk.

Der Bund, den Gott mit seinen Kindern schloss – so der Mythos –, macht aus jenen Kindern allerdings nichts Besonderes, so das jüdische Selbstverständnis. Im Gegenteil handelt der Großteil der endlosen Erzählungen von der schmerzlichen Normalität der Gotteskinder. Das grausame Schicksal, das dem jüdischen Volk zuteil geworden ist, ist in der Geschichte der Menschheit bisher aber nahezu einmalig. Es gab andere Genozide (etwa an den armenischen Menschen während des Ersten Weltkrieges oder der Völkermord an den Tutsi in Ruanda 1994), aber die Ermordung des europäischen Judentums durch die Deutschen während des Zweiten Weltkrieges mit sechs Millionen Opfern ist nach wie vor von unvorstellbarem Ausmaß.

NÜTZLICHES

Am Strand beliebt: **FRISBEE**. In unseren Breiten noch nahezu unbekannt: Frisbee-Soccer. Hier die Regeln für dieses spannende und sportliche Spiel: Zweimal sieben Spielerinnen spielen auf einem in zwei Hälften geteilten Feld, wobei die hintere Linie das Tor der jeweiligen Mannschaft ist. Körperkontakt ist verboten, ein Schiedsrichter pfeift vom Rand aus, die Scheibe darf den Boden nicht berühren und nur mit der Hand gespielt werden. Bei Scheibenverlust ist die andere Mannschaft dran. Es wird vorwärts gespielt. Die Scheibe muss spätestens nach zwei Schritten abgespielt werden. Die gegnerische Mannschaft darf die Scheibe im Flug herunterschlagen und ist dann in Scheibenbesitz. Überfliegt die Scheibe die hintere Linie der gegnerischen Mannschaft und fällt zu Boden, ist das ein Tor. Wird sie vom Torwart gefangen, gilt das als gehalten. Der Torwart spielt zurück.

Mein Gott,

so weit gespannt und nah gezurrt

sind Schuld und Glück.

Der Sommer lockt ins Lachen.

Leicht gelebt.

Dunkle Todesschatten

legen sich quer.

Vergib uns.

Vergib uns.

Ob das geht?

ls Martha mit Lisa schwanger war, hatte sie eine seltsame Begegnung. Das Mädchen in ihrem Bauch wirkte wie eine Weltenöffnerin. Bis zu dieser Schwangerschaft war sie eine eher rational denkende Person gewesen. Fast spröde, würde sie über sich selbst sagen. Sehr naturwissenschaftlich. Sehr zielorientiert und klar. Nur so hatte sie ihr Leben bisher meistern können.

Dann kam Peter mit der damals noch kleinen Marlene und deren rosafarbenen Rucksack dazu. Das rührte schon etwas in ihr an und sie wusste, den Mann würde sie nur kriegen, wenn sie Marlene gewinnen könnte. Es gelang ihr. Mit Klarheit und Verlässlichkeit. Sie erzählte kleine Geschichten, in die sich Marlene verliebte. Held darin war Pfiffi, ein Hund aus Plüsch, der harmlose Abenteuer zu bestehen hatte.

Als sie entdeckte, dass sie schwanger war, stand ihre Liebe zu Peter auf wackligen Beinen. Sie kannten sich noch kein Jahr. Sie hatten versucht, sich zu vertrauen. Sie hatte sich vor ihm ausgebreitet und seine bereitwillig angebotene Freundlichkeit gar zu gern angenommen. Er hatte sie mit seinem durch seine erste Ehe eingeübten und selbstverständlich auf sie übertragenen Verlangen nach Nähe und Alltag überfahren. Sie waren aufeinander zu geflohen und voreinander weggelaufen. Hand in Hand. Und dann kam die Schwangerschaft. Sie fühlte sich schlagartig schwer und alles bekam ein anderes Gewicht. Und dann begann das Kind in ihr sie zu Menschen zu führen, die ihr etwas von ihrer Abwehr nehmen konnten.

So traf sie Tatjana.

Das Schuljahr ging zu Ende. Notenschluss und Zeugnisse schreiben. Kleine Beurteilungen, vielfach Lobhudeleien, bemühte Wertschätzung. Ihr hing das zum Hals raus. Im Kollegium ballten sich die Sorgen vor dem nächsten Schuljahr. Zwei der gestandenen Lehrerinnen wurden mit Blumen, Kaffee und Kuchen in den Ruhestand verabschiedet. Sie gingen erleichtert und schweren Herzens. Sie würden gelegentlich zu Vertretungszwecken einsetzbar sein. Aber es musste Nachschub geben. Das Regionalschulamt musste die beiden Personalstellen neu besetzen.

Tatjana kam. Sie stand im Lehrerzimmer. Neben ihr die Schulleiterin. Sie wurde vorgestellt. Und setzte selbst in ihrem umwerfenden Deutsch mit gerolltem R von ihrer russischen Muttersprache markant eingefärbt fort, dass sie in Leningrad, dem heutigen St. Petersburg, auf dem Lehrerinstitut ausgebildet worden sei, dass die Anerkennung der Abschlüsse nach ihrer Übersiedlung nach Deutschland, sie sei eine sogenannte Russlanddeutsche, mehrere Jahre gedauert habe, dass sie die Zeit zuerst als Reinigungskraft und in den letzten beiden Jahren als Assistentin im evangelischen Kindergarten einer nah gelegenen Kleinstadt überbrückt oder überstanden habe, dass sie jetzt endlich wieder in einem Lehrerzimmer stehe und bald vor einer Klasse. Dann strahlte sie.

Sie strahlte bis in Marthas Bauch hinein. Das Baby hüpfte und zum ersten Mal in ihrem Leben spürte sie, wie sich Lisa in ihrem Bauch bemerkbar machte.

Wenige Tage später, die Ferien hatten begonnen, begegnete sie Tatjana erneut im Lehrerzimmer. Sie bat sie um eine Einweisung in die Benutzung des Kopierers. Sie kamen ins Gespräch, verweilten, verharrten, sahen sich an, lachten, verstanden sich. Sie lud Tatjana ein. Sommerfrühstück auf dem Balkon der neu angemieteten gemeinsamen Wohnung von ihr und Peter.

„Du bist schwanger", sagte Tatjana unmittelbar nach dem Platznehmen zu ihr. „Es wird ein Mädchen. Ich kann es sehen." Sie war noch nicht einmal zur ärztlichen Feststellung gewesen, geschweige denn hatte sie eine Ahnung, welches Geschlecht das Kind haben würde. Aber sie glaubte Tatjana sofort.

och bei diesem ersten Frühstück, dem ersten Gespräch, dem noch viele folgen sollten, die sich an Intensität und Nähe ähnelten, deren vertraute Atmosphäre sie immer wieder erstaunen würde, fragte sie Tatjana, ob sie Patentante des Mädchens werden würde. Sie hatte vorher keinen Augenblick über so etwas nachgedacht.
Aber während des Essens, des Redens und Zuhörens, entstand in ihr der Wunsch, die Frau und deren Leben an das Leben des ungeborenen Mädchens zu binden, wie an einen Luftballon. Tatjana sagte Ja.
Sie würde Lisa leben lehren. Und glauben vielleicht auch? So hatte sie Peter ihren seltsamen Einfall erklärt. Er blieb lange skeptisch. Seine Vorstellungen vom Patenamt sahen ganz anders aus. Er bestimmte nach Lisas Geburt seinen Bruder und eine Cousine zu weiteren Paten. Sie ließ ihn gewähren. Tatjana war bestimmt und gesetzt. Und sie war richtig.

DIES UND DAS

Der eitle Wettbewerb unter den römischen Kaisern bescherte dem **AUGUST** seinen Namen: Julius Cäsars Neffe Oktavian nannte sich, nachdem er selbst römischer Kaiser geworden war, Kaiser Augustus und gab dem Monat seinen Namen. Auch die Länge des Monats sollte der des Juli entsprechen, weshalb Juli und August mit jeweils 31 Tagen gleich lang sind. Um diesen einen Tag zu gewinnen, wurde dem Februar einfach ein Tag abgeschnitten.

Wenn ein Monat **SCHNITTMONAT** oder Sichelmonat heißt, dann kannst du leicht erraten, warum! Mit der Sichel wird Getreide geerntet. Die, die das machen, nennt man Schnitter oder Schnitterinnen. Alles klar? Im August muss die Ernte eingefahren werden. Höchste Zeit!

CHRISTLICHES

Im Sommer sind die christlichen Festtage, die noch dazu auch in der evangelischen Kirche von Bedeutung sind, rar. Mag sein, es liegt daran, dass es im Sommer den Menschen schon immer leichter gefallen ist, zu leben und sie deshalb weniger Zuspruch und Begleitung durch religiöse Handlungen brauchten. Am 29. 8. jeden Jahres allerdings begeht die Kirche einen anspruchsvollen und gern vergessenen Festtag: den **GEDENKTAG DER ENTHAUPTUNG JOHANNES DES TÄUFERS**.

Die biblische Überlieferung zu diesem Tag berichtet, wie der Wüstenprediger Johannes, der die Menschen zu Umkehr aufgefordert hat und eine Taufe praktizierte, die als Vorläuferin des christlichen Rituals gilt, König Herodes, dem historisch nachweisbaren grausamen Vasallenkönig in Israel/Palästina von Roms Ehren, ein Dorn im Auge war und deshalb ermordet werden sollte. Die synoptischen Evangelien berichten einhellig, wie jener Herodes die Macht des Johannes fürchtete, der mit seiner Predigt von der Gerechtigkeit Gottes das Volk aufwiegelte und mit seinem politischen Scharfsinn die Käuflichkeit und Willkür der Herrschaft des Herodes geißelte. Herodes ließ Johannes ermorden (Mt 14, Mk 6, Lk 9). Aber damit war die Geschichte nicht zu Ende. Denn kaum war der Leichnam des Johannes kalt, stand ein neuer Prediger auf: Jesus, der bereits von Johannes zu seinem Nachfolger benannt worden war. Herodes selbst deutet das als „Auferstehung des Johannes".

Diesem bedeutenden Lehrer Jesu und Vorgänger vieler weiterer Gottesmänner und -frauen im Martyrium ist dieser Gedenktag gewidmet. Ein guter Grund, heute innezuhalten und zu fragen: Wo wird heute Gottes Gerechtigkeit mit Füßen getreten? Welche Umkehr ist für mich dran? Wohin will ich mich wenden und was soll mein Leben leiten? Gewinn und Gier oder sind es Maß und Einfachheit? Letztere sind Tugenden, die Johannes predigte und lebte.

JÜDISCHES

Das jüdische Leben nimmt in Deutschland wieder an Fahrt auf. Es lohnt sich, bei Reisen auf Spuren jüdischen Lebens in Vergangenheit und Gegenwart zu achten. Besonders die jüdischen Museen sind einen Besuch wert. Daniel Libeskind hat nicht nur das prominente und überzeugende Museum in Berlin entworfen. Aus einer früheren Schaffensperiode stammt das **FELIX-NUSSBAUM-HAUS IN OSNABRÜCK**. Auch hier bildet die Architektur den Schrecken ab und dient der Illustration der gezeigten Ausstellung(en). Ein Besuch ist unbedingt zu empfehlen (mit Kindern ab 6 Jahren). www.osnabrueck.de

189

VOLKSTÜMLICHES

„Wie köstlich ist deine Zusage für meinen Gaumen, süßer als Honig für meinen Mund." (Psalm 119,103) Jüdischen Kindern wurde der Eintritt in die Schule wegen dieses biblischen Wortes mit Honiggebäck versüßt. Wahrscheinlich kommt daher die Tradition der **Zuckertüte**, wie sie heutzutage jedes Kind in Deutschland kennt und als selbstverständlich voraussetzt. Schulanfang = Zuckertüte. Aber bei dieser Selbstverständlichkeit ist Vorsicht geboten. Erst seit Mitte des 20. Jahrhunderts hat sich die Zuckertüte über ganz Deutschland ausgebreitet. Vorher gab es sie nur in manchen Städten und nur für die, die genug Geld für solche süßen Überraschungen hatten! Heute ist der Schulanfang für die meisten Familien ein großes Fest. Es gibt eine feierliche Begrüßung in der Schule, der Schulweg wird erkundet, der neue Ranzen zum ersten Mal aufgesetzt. Es ist klar:

Jetzt geht was ganz Neues los! Das ist spannend.

Gäste kommen. Vielleicht auch die Paten und

Patinnen? Schön ist es, wenn die Kirchgemeinde

einen Gottesdienst für Schulanfänger und

Schulanfängerinnen anbietet. Dann gibt es dort einen

Segen, ein gutes Wort von Gott. Damit lässt sich

die Herausforderung vielleicht ein bisschen besser

meistern? Denn Angst und Sorgen gehören zu diesem

großen Tag auch dazu. Wird es gutgehen?

Und selbst wenn in diesem Jahr kein richtiger

Schulanfang auf der Tagesordnung steht, ist doch

jeder Beginn nach den schönen langen Sommerferien

eine ganz schöne Herausforderung, erst recht, wenn

ein Schulwechsel ansteht. Es tut gut, den Neubeginn

ernst zu nehmen, von Befürchtungen zu reden und

die Hoffnungen zu benennen. Ein Segen, ein Gebet –

das tut immer gut. Nur Mut!

191

AUS ALLER WELT

Der islamische Kalender ist ein Mondkalender, der allerdings keine Ausgleichtage kennt, weswegen die großen Feste in verschiedenen Jahren zu sehr unterschiedlichen Zeiten in den Jahren stattfinden können. Dazu kommt noch erschwerend, dass die Sichtung der Mondsichel zur Festlegung der Monate entscheidend ist. Und das ist bei der weltweiten Ausbreitung des Islam eine echte Herausforderung. Aus diesem Grund wird immer wieder um die richtigen Daten gerungen und es ist gut, wenn es gelingt, verschiedene Ansichten zu einer gemeinsamen Vereinbarung zusammenzuführen.

Beim **RAMADAN**, dem Fastenmonat, gelten die gleichen Schwierigkeiten. Häufig fällt er in den August des gregorianischen Kalenders. Deshalb soll er hier vorgestellt werden.

Während des Fastenmonats enthalten sich erwachsene und gesunde muslimische Gläubige während des Tageslichts aller Nahrung, aller Getränke, aller Suchtmittel und der Sexualität. Wenn die Sonne untergegangen ist, darf gegessen und getrunken werden, auch Geschlechtsverkehr ist dann wieder erlaubt. Wenn der Morgen anbricht und ein weißer von einem schwarzen Faden unterschieden werden kann, beginnt erneut das Fasten. Kinder, Kranke, Schwangere, Stillende und besondere Berufsgruppen sind vom Fasten ausgenommen und zu Ersatzleistungen verpflichtet. Entweder wird das Fasten nachgeholt oder durch die Zuwendung zu armen Menschen ausgeglichen.

Der Ramadan ist für gläubige muslimische Menschen ein Monat der Einkehr und Buße, denn das Fasten ist mit zahlreichen ethischen Regeln verbunden (Ehrlichkeit, Einsicht, Entschuldigung für begangenes Unrecht und Ähnliches). Geht die Sonne unter, wird das „Fastenbrechen" in fröhlicher Gemeinschaft mit anderen Muslimen begangen, so dass auch der Ramadan den einzelnen Muslim in die Gemeinschaft aller Gläubigen, die „Umma" [arab.], einbindet.

SCHÖPFUNG

MENSCH

Am 13.8.1910 starb in London **FLORENCE NIGHTINGALE,** eine couragierte, streitbare Frau, aus deren christlicher Lebensüberzeugung ein lebenslanges Engagement entsprang. Sie stammte aus wohlhabenden Verhältnissen und ihr Lebensweg hätte eigentlich ganz anders aussehen sollen: eine standesgemäße Ehe und ein Leben in Wohlstand und Sicherheit. Stattdessen waren dem aufgeweckten Mädchen und der aufmerksamen jungen Frau die Missstände in den Kliniken Londons und anderswo ins Auge gefallen, wo entweder idealistische Ordensleute einen aufopferungsvollen Dienst versahen oder schlecht bezahlte und unausgebildete Pfleger mehr schlecht als recht die Kranken versorgten. Sie hatte ihre Aufgabe und Berufung gefunden und widmete den Rest ihres Lebens der Entwicklung eines Pflegeberufes für Krankenhäuser. Sie gründete selbst eine entsprechende Schule, führte Gespräche mit politisch Verantwortlichen und reformierte nicht nur die Krankenhäuser, sondern auch die Kriegslazarette, als sie im „Krimkrieg" 1853 mit zahlreichen Helferinnen an die Front aufbrach und die Zustände für die Kriegsverletzten durch bessere hygienische und pflegerische Bedingungen grundsätzlich änderte.

Gott sprach zu mir und rief mich in seinen Dienst.

195

Als am 16.8.2005 der leitende Prior der ökumenischen Gemeinschaft der Brüder von Taizé, **FRÈRE ROGER,** während des Abendgebetes von einer verstörten Verehrerin ermordet wurde, sangen die anwesenden Menschen, überwiegend Jugendliche, weiter und ließen den Brüdern Zeit, den Sterbenden hinauszutragen. Wenig später trat einer der

Brüder vor die Gemeinde und gab den Tod des bewunderten Glaubenslehrers bekannt und bat zugleich darum, der Täterin zu vergeben und weder Groll noch Hass zuzulassen. Frère [franz.: Bruder] Roger war 1915 als Roger Schütz in einer reformierten Familie geboren worden. Seine tiefe, keine konfessionelle Trennung akzeptierende Frömmigkeit wurde von seiner Großmutter geprägt.

"Der Ruf, Christus nachzufolgen, stellt uns vor die Entscheidung, das Ganze oder das Nichts zu wählen. Es gibt keinen Mittelweg. Mag Unschlüssigkeit uns wie jäher Nebel überfallen – wir möchten auf ihn hören, wenn er zu uns sagt: „Komm in meine Nachfolge. Ich führe dich zu den sprudelnden Quellen, den Quellen des Evangeliums."

Bereits 1940 war er zu Fuß und mit dem Rad nach Taizé gekommen, einem kleinen Dorf in Burgund, wo er während der deutschen Besatzung jüdischen Flüchtlingen Unterschlupf und Schutz gewährte. Nach Ende des Krieges bemühte er sich um Versöhnung und pflegte Kriegswaisen und deutsche Kriegsgefangene. 1949 gründete er die Ökumenische Gemeinschaft der Brüder von Taizé und wurde deren Leiter und Prior. Das Gelübde von Armut, Ehelosigkeit und Gehorsam fand mit den Regeln von Taizé 1951 noch zwei wichtige Erweiterungen: die Taten der Liebe und der Gehorsam gegenüber den Entscheidungen der Gemeinschaft traten hinzu. Seitdem gehören etwa 100 Männer aus 25 Nationen der Gemeinschaft an. Unter ihnen sind Katholiken, Protestanten, Reformierte und Anglikaner. Das Engagement der Gemeinschaft zielt auf das konkrete Tun der Liebe in Gestalt der Solidarität mit den Elenden der Erde und auf die Ausrichtung der sommerlichen Jugendtreffen, die Tausende junge Menschen Jahr für Jahr nach Taizé führen.

Frère Roger hat keine eigene Theologie entwickelt, aber er hat die Botschaft von der Liebe Gottes, die jedem Menschen das Gute zumutet, in überzeugender Weise gelebt und verkündigt.

ABC+

In der Wiese, im Zelt, im Bungalow – überall sind sie jetzt: die sogenannten **Ohrenkriecher**. Kleine schwarze Viecher, die gemein aussehen, aber völlig harmlos sind. An ihrem Hinterteil haben sie zwei Zangen, mit denen sie ihre Beute schnappen. Sie ernähren sich von Pflanzenteilen, aber auch von kleinen Tieren, zum Beispiel Blattläusen, weshalb sie als Nützlinge angesehen werden. Sie sind nachtaktiv und können fliegen, was sie aber selten tun.

ABC

Die Bienen fliegen von Blüte zu Blüte und sammeln Nektar. Dabei befruchten sie die Blüten. So kommt es, dass aus Apfelblüten Äpfel reifen und aus Kirschblüten Kirschen. Im Hochsommer ist die Zeit der Baumblüte vorbei und die Bienen haben Hunger. Deshalb gibt es Bauern, die zur Nahrung für die Bienen an den Rändern ihrer Felder einen Streifen hellblauen **Bienenfreund** aussäen. Das ist eine Pflanze, die im August herrlich blüht, ganz stark duftet und sehr viel Nektar für die Bienen hat.

GESTEIN

Sternschnuppen sind Sterne, die vom Himmel fallen? Wenn du die Augen ganz schnell zumachst, darfst du dir was wünschen? Und das geht dann bestimmt in Erfüllung. Stimmt das?

STERNSCHNUPPEN sind Meteore, sehr kleine Gesteinsbröckchen (nur 1 – 10 Millimeter groß!), die durch den Weltraum flitzen. Wenn sie in die Erdatmosphäre eintreten, verglühen sie. Das ergibt das typische Bild des Sternchens, der einen Schweif hinter sicher herzieht. Es gibt auch viel größere Meteore. Manche verglühen nicht vollständig und erreichen als Steine oder Steinhagel sogar den Erdboden. Aber das kommt selten vor. Die Sternschnuppen, die du am Sommerhimmel sehen kannst, verschwinden und mit ihnen ihr schöner Glanz.

200

BIBEL GEGEN DEN STRICH GEBÜRSTET

MÄRTYRERTUM IN DER BIBLISCHEN ÜBERLIEFERUNG. EINE GESCHICHTE DES WIDERSTANDS

Um Jesus und seine Leute, seine Anhängerinnen und Anhänger, zu verstehen, muss man den Blick auf die jüdische Widerstandsbewegung lenken, die seit Menschengedenken im Falle von Unrecht und Unterdrückung aufflammte und zu Leben erwachte. Zu Jesu Zeiten waren das zunächst die lebhaften Erinnerungen an die Aufstände der Makkabäer, die sich gegen die römische Besatzung und Fremdherrschaft gewandt hatten und zahlreiche Märtyrer und Märtyrerinnen forderten. (Die apokryphen Bücher der Makkabäer berichten davon.) Aber auch weiter zurückreichende Erinnerungen an Männer und Frauen, die ihr Leben für ihr Volk aufs Spiel gesetzt und gegeben hatten, müssen genannt werden. Manche der Überlieferungen sind nur als Märchen oder Mythen erhalten, etwa die an die sagenhafte jüdische Königin Esther, die mitten im Harem eines fremden Herrschers den Mut findet, sich für die Sache ihrer Leute einzusetzen und dabei Kopf und Kragen riskiert. Oder der königliche Beamte Daniel, der den Befehl, seinen König als Gott zu verehren, verweigert und Gott, Adonai, treu bleibt und damit sein Leben riskiert.

Diese Kultur des Widerstandes, die auf der tiefen Überzeugung gründet, dass Gott ein Gott des Lebens ist und kein Unrecht will, erbte Jesus. Der Mut zum Martyrium ist deshalb kein Alleinstellungsmerkmal für Jesus, sondern erweist ihn als Teil einer langen Reihe gelebten Widerstandes. Wobei unterstrichen werden muss, dass im Fall des Martyriums nur das eigene Leben gegeben werden und dass dieser Tod nicht gesucht werden kann. (Sogenannte Selbstmordattentäter, die unschuldige andere mit in den Tod reißen, sind in dieser Tradition undenkbar!)

Für die Herrscher, die das kleine Volk Israel unterjochten, war dieser Mut eine maßlose Provokation und ein erhebliches Ärgernis. Wie Pilze schossen Menschen aus dem Boden, die, wenn es hart auf hart kam, das eigene Leben für andere zu geben bereit waren. Zur Zeitenwende etwa – so überliefert es die Bibel – erleben wir eine solche Widerstandsweitergabe von Johannes dem Täufer auf Jesus. Nachdem der Vasallenkönig Herodes Johannes endlich ergriffen und ermordet hatte, trat Jesus auf und trat dessen Erbe an: forderte die Menschen zu gerechtem Handeln auf, unterstrich das Recht auf Leben für alle, auch für die Armen, geißelte – wie ein Prophet – die korrupte Mittelschicht und die grausame Herrscherelite. Und hatte zugleich scheinbar keine Angst vor dem Schicksal, das ihm zwangsläufig blühte.

Die biblische Überlieferung ist da ehrlicher, als vielen lieb ist: Jesus kennt Angst und wünscht sich unter Tränen, dass „dieser Kelch an ihm vorübergehen möge". Das ist keine süßliche Rhetorik, sondern fassbare Panik. Und trotzdem bleibt er Gott treu und der Überzeugung ergeben, dass es keine „größere Liebe gibt, als das eigene Leben für die Freunde und Freundinnen hinzugeben" (Joh 15,13).

Solche Hingabegedanken sind uns fremd, aber von der unermesslichen Kraft zur Weltveränderung, die ihnen innewohnt, erahnen wir etwas, wenn wir an das Martyrium einer Sophie Scholl, einer Edith Stein oder eines Pater Kolbe denken. Auch die Kirche, besonders die deutsche, verdankt ihre fortgesetzte Existenz Menschen, die in die unmittelbare Nachfolge Jesu eingetaucht sind. Wo wären wir, wenn es sie nicht gegeben hätte?

NÜTZLICHES

Im **KETCHUP**, den es im Laden zu kaufen gibt, ist massenweise Zucker drin. Das schmeckt zwar gut, soll aber sehr ungesund sein. Deshalb ist es einen Versuch wert, einmal selbst Ketchup zu machen. Du brauchst Tomatenmark. Das gibt es in kleinen Dosen oder in der Tube zu kaufen. Außerdem brauchst du einen kleinen Apfel, eine Zwiebel, ganz wenig Zimt, ganz wenig Curry und einen halben Teelöffel Salz. Dann ziehst du die Zwiebel ab und schneidest den geschälten Apfel klein und kochst beides zusammen 5 bis 10 Minuten mit etwas Wasser butterweich, dann machst du mit dem Pürierstab Mus daraus und mischst das Tomatenmark unter und schmeckst das Ganze mit den Gewürzen ab. Fertig. In Gläser gefüllt, hält es sich vier Wochen im Kühlschrank und schmeckt wirklich gut.

In voller Pracht stehen die Gärten.

Kühle Schatten unter atmenden Bäumen.

Trockene Hitze zwischen Steinen und Staub.

Es lebt. Ich lebe.

Ich danke dir.

Gott des Lebens.

205

Füge mich ein.

In das Kommen und Gehen.

Werden und Vergehen.

Füge mich ein!

SEPTEMBER

**W**ieder mal „Das Boot"...

Am gestrigen Abend war der Film gelaufen und Peter wusste, gleich am nächsten Tag würde Willi anrufen.

Und so war es auch.

Die Familie war gerade dabei aufzuwachen.

Das Gerangel im Bad war groß. Martha musste als Erste fertig sein. Sie hatte den weitesten Weg. Björn bummelte und musste angetrieben werden. Lisa bockte, weil sie vor dem Deutschaufsatz Angst hatte, der heute auf dem Programm stand. Peter, der seit dem Fortschreiten seiner Krankheit schlecht schlief und deshalb fast jeden Tag als Erster auf war, hatte auf dem Küchentisch alles für ein schnelles Alltagsfrühstück gerichtet. Er stand in der Tür zum Flur und sah dem aufgeregten Morgenbetrieb amüsiert und verliebt zu. Er freute sich, dass es diese Menschen in seinem Leben gab. Das gab ihm Halt. Obwohl ihn solche Floskeln ankotzten, kamen sie ihm immer wieder in den Sinn. Sein Therapeut benutzte sie unverkrampft und machte ihm Mut, damit „sein Leben und seine Welt zu tapezieren", um nicht verrückt zu werden.

„Sie haben eine Krankheit, an der man verrückt wird und später stirbt. Sie dürfen fast alles tun, um gut leben zu können", wiederholte er wie ein Mantra.

Meine Lebensanker. Dachte er deshalb jetzt kitschig und sah Marthas müde Augen und ihr schönes Haar. Er staunte über das Frauwerden seiner Lisa und bedauerte Björn. Er selbst war als Kind eine Schlafmütze gewesen und konnte die Bummelei seines Jüngsten gut verstehen. Zugleich ärgerte sie ihn gewaltig.

Da klingelte das Telefon.

„Das ist Willi", riefen Peter und Martha aus einem Mund.

„Es wird um den Krieg gehen", fügte Peter an. Nutzloserweise. Das Thema des Anrufes war klar. Wenn es wirklich Willi war.

Er war es.

„Uropa Willi", so meldete er sich. „Haste gestern Abend fern gesehen?"

„Nein, aber ich weiß ...", weiter kam Peter nicht. Willi redete.

artha war weg. Lisa winkte ihm ein lustloses Tschüssi zu. Sie hatte Björn im Schlepptau. Sie gingen zum selben Bus.

Willi redete immer noch.

Peter saß in einem der bequemen Sessel im Wohnzimmer, hatte die Füße über die Armlehne gestreckt und versuchte, mit ihnen zu wackeln. Der rechte Fuß reagierte fast nicht mehr auf die Kommandos seines Gehirns. Jedenfalls meistens. Der linke machte, was er sollte. Im Fenster kam ein grauer Morgenhimmel mit Ansätzen zu einem schönen Herbsttag. Er wollte zum Garten und dort werkeln. Am Nachmittag hatte er Lisas Klassenlehrerin zugesagt, dass er die Klasse bei ihrem Ausflug begleiten würde. „Übernehmen Sie ehrenamtliche Aufgaben. Raffen Sie sich auf! Riskieren Sie, dass Sie kurzfristig absagen müssen, weil es Ihnen schlecht geht. Aber nutzen Sie alle Möglichkeiten, am Leben teilzuhaben, die sich bieten." Auch das waren Lehrsätze seines Therapeuten. Es war ihm zunächst alles zuwider. Nach der Berentung. Aber mit der Zeit erwiesen sich die Gespräche als fruchtbar und die Ratschläge als klug. Willi redete immer noch.

„Kriegsschuld. Das kann doch nicht ... wir haben es doch nicht besser gewusst. Junge. Ich war auch im Osten. Das waren ..." – wie eine Gebetsmühle. Filme über den Krieg lösten bei Willi diesen endlosen

Redezwang aus, dessen Formulierungen seit Jahrzehnten dieselben Worthülsen waren, hinter deren scheinbarer Ehrlichkeit sich eine ganz verstohlene Verleugnung verbarg. Peter konnte es nicht mehr hören. Aber er konnte es auch nicht abbrechen. Willi war sein Großvater. Er hatte ihn als Kind sehr geliebt.

O pa? Opa?", Peter versuchte es doch. „Opa? Ich muss gleich los."

„Hast du auch keine Zeit für mich?", gleich kam ein Vorwurf.

„Ich höre dir schon eine halbe Stunde zu. Ich habe Zeit für dich. Aber ..."

Willi unterbrach ihn wieder.

„Opa. Bitte."

„Mich regt das auf, Peter. Solche Filme. Ich kannte welche, die waren bei den U-Booten."

„Ich weiß."

„Das waren besondere Jungs."

„Ich weiß."

„Das zeigt der Film ja auch."

„Genau."

„Aber die sind alle tot."

„Ja."

„Ist das nicht Verschwendung!"

Peter horchte auf: „Verschwendung? Was meinst du damit?"

„Verschwendung von Menschen."

Stille.

„Das fass ich nicht", sagte Peter.

„Eben", sagte Willi. „Die reine Verschwendung. Damals und heute.

Weißt du, Peter. Das ist es, was mich so aufregt. Alle tot. Und jung waren die. So eine Verschwendung."

„Und heute? Was meinst du, Opa. Mit heute?" Peter staunte immer noch.

„Die, die heute im Krieg sterben, sind auch jung, mein Junge."

„Und das ist Verschwendung?"

„Ja. Vor allem aber ist es Dummheit. Als wüssten die es nicht besser. Es ist immer dasselbe. Und es kostet immer Leben. Mein Junge. Menschenleben."

Diese Wendung hatten die Wortwechsel noch nie genommen.

„Opa?"

„Ja."

„Das hast du noch nie gesagt."

DIES UND DAS

In der alten lateinischen Sprache heißt septem sieben. Der **SEPTEMBER** ist früher mal der siebente Monat gewesen. Das war, als der Kalender noch im März angefangen hatte. Wenn man von März bis September zählt, kommt man auf sieben. Stimmt also. Heute hat der September die Neun. Das liegt daran, dass unser Kalender mit dem Januar beginnt.

Im September liegt der astronomische Herbstanfang. Die alten Namen **FRÜCHTEMONAT**, Obstmonat, Wildmond und Holzmonat heben den Erntecharakter des Monats hervor.

CHRISTLICHES

Im September reihen sich die **TRINITATISSONNTAGE** aneinander wie Perlen auf einer Kette. Es ist nix los im evangelischen Kirchenjahr, außer dem wunderbaren Wechsel von Alltag und Sonntag.

Dafür feiert die orthodoxe Kirche den Beginn des neuen Kirchenjahres und den Tag der Schöpfung. Insbesondere die russisch-orthodoxe Kirche regelt ihre Feste nach dem julianischen Kalender, dem von Julius Cäsar eingeführten alten lateinischen Kalender. Aus diesem Grund fallen die Feiertage der östlichen und westlichen Kirchen so gut wie nie auf einen Tag. Das orthodoxe Kirchenjahr beginnt mit dem ersten Tag des julianischen Kalenders (jedenfalls in seinem Geltungsbereich östlich von Konstantinopel, der Jahresbeginn variierte nämlich in den westlichen und östlichen Regionen des Römischen Reiches!), dem 1. September, der wiederum durch die Zeitverschiebung in unserem gregorianischen Kalender in die Nähe des 14. September rückt. Um es noch verwirrender zu machen, sei hier noch der Hinweis auf den astronomischen Herbstanfang erlaubt: Er fällt oft genug durch alle Berechnungen hindurch auf den 1. September des julianischen Kalenders!

JÜDISCHES

Das jüdische Jahr beginnt ebenfalls im September/Oktober, nämlich im Monat **TISCHRI**. Rosh ha-Shana – der Neujahrstag – wird zwei Tage lang begangen und eröffnet eine Reihe von zehn Bußtagen, die mit Jom Kippur – dem Versöhnungsfest – enden. Zu Rosch ha-Shana wird das Schofarhorn (ein Widderhorn, das schon in biblischen Zeiten bekannt war und benutzt wurde) geblasen. Es soll die Gemeinde zusammenrufen und an ihre Sünden erinnern. Am ersten Tag des Jahres, so überliefert es die Tradition, wird das Buch des Lebens aufgeschlagen. Darin stehen alle Taten der Menschen. Zu Jom Kippur wird das Urteil besiegelt. Zehn Tage sind Zeit, um Vergebung zu erbitten und Versöhnung zu suchen, wobei entscheidend ist, dass nur dem Menschen, der mit seinen Mitmenschen versöhnt lebt, auch Vergebung bei Gott widerfährt.

Die Hoffnung auf ein gutes neues Jahr wird bei der häuslichen Feier durch den Genuss in Honig getauchter Äpfel verdeutlicht. Die Verknüpfung von Vergangenheit und Zukunft, Verantwortung und Lebensgestaltung wird von einem ringförmigen Gebäck (chala) anschaulich gemacht.

Jom Kippur ist der höchste Festtag des religiösen Judentums. Der Versöhnungstag stellt das Geschick des einzelnen Gläubigen in den Kontext des Gottesvolkes und der ganzen Menschheit. Gott – so die grundlegende Überlieferung – versöhnt sich mit allen Geschöpfen. Ein ganztägiges Fasten verdeutlicht die Ernsthaftigkeit. Der Gottesdienst in der Synagoge ist gut besucht. Jom Kippur wird von den meisten jüdischen Menschen in irgendeiner Weise begangen. Der Gottesdienst am Vorabend steht im Zeichen des Kol Nidre, bei dem es um das Gedenken an die Verstorbenen, das Bedenken des eigenen Todes, die Erinnerung an die Märtyrer und Märtyrerinnen und um den Lobpreis Gottes geht. Segen und Vergebung werden auch in familiären Gesten unterstrichen. Der Morgengottesdienst dreht sich um die biblische Überlieferung der Einsetzung des Versöhnungstages (3 Mose 16), am Nachmittag steht das Buch Jona im Mittelpunkt der Lesungen in der Synagoge. Am Abend – zu Sonnenuntergang – wird festlich gegessen und das Fasten im Kreis von Familie und Freunden gebrochen.

Heiligen Tages Macht lasst uns künden,

Ehrfurcht gebietend und erschütternd ist er.

Deine Weltregierung ersteht vor der Seele,

Dein Thron, der auf Gnade gegründet,

Auf dem du thronst in Wahrheit.

Fürwahr, du bist Richter und Ankläger

Und Wissender und Zeuge.

Und Schreiber und Siegelnder

Und Zähler und Wägender

Und gedenkst alles Vergessenen

Und öffnest das Buch des Erinnerns.

Und es liest sich selber,

Und jedes Menschen Hand

Hat sich darin selber eingezeichnet.

[…]

Aber Umkehr und Gebet und Liebeswerk

Wenden ab das Böse des Verhängnisses.

Rav Amnon

Vier Tage später schon steht das nächste wichtige Fest ins Haus: Sukkot, das Laubhüttenfest, das religionsgeschichtlich ganz sicher eine Art Erntefest ist, als dessen biblische Grundlage aber das Leben in provisorischen Behausungen während der Flucht aus Ägypten (3 Mose 23,2f) herhalten muss. Jüdische Familien, die die Überlieferung und ihre religiöse Praxis ernst nehmen, bauen für acht Tage Hütten aus Stroh und Laub, in denen gegessen, gefeiert und geredet wird.

216

VOLKSTÜMLICHES

Blätter sammeln, trocknen und pressen. Wenn die Blätter trocken und flach sind, lassen sich daraus **farbenfrohe Bilder** kleben. Du kannst es ausprobieren. Du brauchst nur einen guten Kleber, der nicht tropfen sollte, und ein schönes Blatt Papier. Nur zu!

AUS ALLER WELT

Am 28.9. wird an die Geburt des **KONFUZIUS** erinnert. Die philosophisch-religiöse Lehre des Konfuzianismus beruft sich auf seine Weisheiten, die sich im Wesentlichen aus Schriften herauslesen lassen, die etwa 100 Jahre nach dem Tod des Gelehrten entstanden sind. Konfuzius selbst lebte im 6. Jahrhundert vor unserer Zeitrechnung in China. Er strebte nach Weisheit und Ausgeglichenheit, Harmonie und Gleichmut. Der Konfuzianismus ist eine Art religiöser Humanismus und erfreut sich heute in China wegen seiner eindeutigen Werte – Lernen, Arbeit und Familie – wieder großer Popularität. Anders als in anderen fernöstlichen Religionen kennt der Konfuzianismus keine Selbsterlösung: Nur als soziale Wesen seien wir menschlich, denn die Tugendhaftigkeit, die wir anstreben mögen, sei immer auf den Nachbarn angewiesen.

217

Als Fan Tsch'i fragte, was Weisheit sei,

antwortete der Meister: „Sich ernsthaft

seinen Pflichten widmen, die Geister und

Götter achten, aber sie von sich fernhalten,

das könnte man wohl Weisheit nennen."

Als jener fragte, was das Gute sei,

antwortete er: „Gut sein heißt in erster

Linie seine Pflichten tun, seien sie auch

noch so schwer, und erst in zweiter

Linie an den Erfolg denken. Das könnte

man Gutsein nennen."

Aus dem Lungyu

SCHÖPFUNG

MENSCH

Als in der Nacht vom 17. auf den 18. September 1961 ein Flugzeug der Vereinten Nationen an der Grenze zwischen dem Kongo und dem heutigen Sambia abstürzte, kam der zweite UN-Generalsekretär dabei um: **DAG HAMMARSKJÖLD**. Bis heute wird vermutet, dass es sich dabei um Mord handelte. Dag Hammarskjöld war ein ungewöhnlicher Mann. Ein Feingeist und Literaturliebhaber, ein Einzelgänger und frommer Christ, dessen Glauben von einer tiefen mystischen Frömmigkeit geprägt war, die ihn dazu veranlasste, sich in die Geschicke der Welt einzumischen. Die UNO, deren Leitung er 1953 übernahm, war jung und schwach. Unter seiner Führung wurde sie zu einem wirksamen Instrument zur Beilegung schwerer Konflikte. Sein Verdienst ist auch die Gründung der „Blauhelme", die er 1956 binnen 48 Stunden aus allen Kontinenten zu rekrutieren vermochte, um den Konflikt um den Suezkanal zu beenden. Seine Vermittlungen im Kongokonflikt kamen unterschiedlichen Konzernen ausgesprochen ungelegen. Mag sein, dass er deshalb sterben musste. Er hinterließ ein spirituelles Tagebuch, das einen Einblick in seine Gottesbeziehung und seine daraus erwachsende Weltverantwortung gewährt.

„Lass nie den Erfolg seine Leere verbergen, die Leistung ihre Wertlosigkeit, das Arbeitsleben seine Öde. Behalte den Sporn, um weiterzukommen, den Schmerz in der Seele, der uns über uns selber hinaustreibt."

ELISABETH VON THADDEN entstammte dem pommerschen Adelsgeschlecht von Thadden und wurde am 8. September 1944 in Berlin-Plötzensee von den Nazis ermordet. Sie gehört zu den 1100 Frauen, die dem Widerstand gegen das Naziregime angehörten und dafür mit dem Leben bezahlen mussten.

Von Thadden war eine überzeugte Protestantin. Nach anfänglicher Hoffnung, Hitler möge für Deutschland Gutes bewirken, wurde sie aufgrund der Erfahrungen, die sie durch die Verfolgung ihrer jüdischen Freunde und Freundinnen machen musste, zu einer entschiedenen Gegnerin des Regimes. Sie gründete und leitete eine Mädchenschule in der Nähe von Heidelberg, wo sie reformpädagogische Ansätze mit einem klaren protestantischen Profil zu verbinden wusste. Bis zur Verstaatlichung fanden immer wieder jüdische Mädchen in dieser Schule Unterschlupf und Schutz. Durch Denunziation wurde sie bereits 1941 zum ersten Mal von der Gestapo verhört und gefoltert. Im Januar

221

Ich gehe aus dieser räumlich-zeitlichen Welt zu dem Vater, dessen Kind und Erbe ich bin! In die Heimat der Liebe!

1944 fiel sie den Folterern endgültig in die Hände. Es gelang ihnen nicht, sie zu brechen. Bis zuletzt schwieg sie. Der „Volksgerichtshof" unter Gerichtspräsident Dr. Roland Freisler verurteilte sie zum Tode.

ABC

Was ist eigentlich ein Altweibersommer?

Bei klarem Licht und schöner Sonne kannst du im Herbst zarte Spinnwebenfäden durch die Luft schweben sehen. Die zarten, wie graue oder weiße Haare aussehenden Fäden geben diesen Tagen ihren Namen. Und was ist das? Die Baldachin-Spinnen schießen aus ihrem Hinterleib einen „Flugfaden", an dem sie sich durch die Luft tragen lassen. Manchmal kannst du auch am Morgen zarte Spinnennetze im Gras erkennen, die vom Tau sichtbar gemacht werden. Auch das sind Spuren der winzig kleinen Baldachin-Spinne, die nicht größer als drei Millimeter wird. Früher hielt man die Netze für Werke kleiner Elfen. Es hieß auch, dass Mädchen, in deren Haaren sich die Fäden des Altweibersommers verfangen, im nächsten Jahr heiraten werden.

Die **Herbstzeitlose** ist eine Giftpflanze,

die aussieht wie ein Krokus, aber erst im

Herbst blüht. Sie steht gern auf feuchten

Wiesen, die viele Nährstoffe enthalten.

Am liebsten hat sie Sonne ohne Wind.

Dann kann sie auch massenhaft wachsen.

Ihre Blätter ähneln dem Bärlauch.

Aber Vorsicht: Die Herbstzeitlose ist

ungenießbar, denn ihr Verzehr kann

tödlich giftig sein!

223

ALLERLEI

Seit 1993 findet am zweiten Sonntag im September der **TAG DES OFFENEN DENKMALS** statt. Seine Organisation und Koordination liegt in der Hand der „Deutschen Stiftung Denkmalschutz" und wird regional von den Städten und Gemeinden geplant. Jedes Jahr gibt es ein Leitthema, das aber nicht verbindlich ist. Viele kuriose und sonst nicht zugängliche Denkmäler sind an diesem Tag zu besichtigen. Es gibt oftmals ein Programm für Kinder und Familien.
Siehe auch www.tag-des-offenen-denkmals.de.

Im September werden in der Regel die Preisträger und Preisträgerinnen des **NOBELPREISES** bekanntgegeben. Seit 1980 gibt es den im deutschsprachigen Raum als „Alternativer Nobelpreis" bekannten Right Livelihood Award, der Menschen ehrt, die sich besonders für die dringenden Probleme der Menschheit einsetzen. Es gibt keine genauen Kategorien, allerdings handelt es sich meistens um Menschen, die für Menschenrechte, Nachhaltigkeit, Minderheiten oder Umweltschutz aktiv sind.

BIBEL GEGEN DEN STRICH GEBÜRSTET

SCHÖPFUNGSBERICHTE. GOTTES SCHÖPFUNGSMACHT UND MENSCHLICHE HERRSCHAFT

Die Bibel ist kein Buch der absoluten Wahrheit. Sie ist ein plurales Buch, das sich selbst widerspricht, das sich selbst auslegt, ergänzt und erweitert. Widersprüche, Unebenheiten, Dopplungen – alles Absicht. Lesende sollen mitdenken und sich ein Urteil bilden. Bibellesen ist lernen, so sagen es jüdische Gelehrte. Niemals ist man damit fertig. Und wer meint, alles zu wissen, irrt.

Die Schöpfung wird im 1. Mose-Buch wenigstens zweimal erzählt. Die Psalmen halten auch noch Schöpfungsberichte bereit. Diese Vielzahl ist ein erster Hinweis darauf, dass eine kritische Lektüre nötig ist. Schöpfungsberichte sind Mythen. Sie verdichten Glauben und Erfahrung.

Wenn ich im 21. Jahrhundert die Schöpfungsberichte lese, dann erreicht mich das uralte wunderbare Wissen: Das Leben ist mehr als Funktion. Es ist gute Absicht. Das mechanische Weltbild Descartes' ist das Todesurteil für das Leben. Wir brauchen eine andere Sicht auf Schöpfung und Geschöpfe. Eine, die von Gottes Innewerden in allem Leben spricht. Eine, die aus dieser Überzeugung zu Behutsamkeit und

Einfühlung findet. Schöpfung ist Gestaltung. Sie kennt keine Bewahrung ursprünglicher Paradiese, sondern sie lebt vom Herrschaftswillen der Menschen. Die Erde ist ein Garten, der lebt. Menschen und Geschöpfe gestalten den Garten. So soll es sein. Und es soll gut sein. Die Begabung ist mitgegeben: die Fähigkeit zum Guten. Das ist die eigentliche Sensation.

NÜTZLICHES

QUITTEN VERARBEITEN

Vier schöne **QUITTEN** sind ein Kilo. Die Quitten mit einem scharfen Messer und viel Kraft achteln. Kerngehäuse, Stiel und Blüte entfernen. Dann weich kochen. Wasser und Quittenstücken voneinander trennen. Die Quitten durch die Mühle, auch Flotte Lotte genannt, drehen. Gelierzucker im Verhältnis 2 : 1 zusetzen, aufkochen, in Marmeladengläser füllen. Fertig! Verfeinerungen durch Zimt, Vanillezucker, geriebene Nelken oder Rum sind denkbar. Das Wasser (fast Saft!) kann zu Quittengelee (Gelierzucker in entsprechender Menge zusetzen, aufkochen und abfüllen) oder zu Sirup verarbeitet werden. Beim Sirup kommen auf einen Liter Flüssigkeit 1,25 kg Zucker. Das Ganze aufkochen und drei Minuten sprudeln kochen lassen, dann in verschließbare Flaschen füllen. (Bügelflaschen eignen sich besonders.) Zügig aufbrauchen.

Die Blätter fallen

und Neues beginnt.

Kein Ende ohne Anfang.

Reife Früchte.

Und Wehmut in den Knochen.

Der Sommer geht verloren.

Ich finde mich zurück.

Gott.

Hab Dank für alle Zeit.

Und lass mich kosten

Hoffnung und Süße.

OKTOBER

Stahlgrau. So sah das Meer aus.

Es ging in Wellen. Ziemlich heftig.

Auf den Spitzen der Wellen tanzten Schaumkronen.

Auch sie waren grau. Hellgrau. Weißgrau.

Sie wurden an Land getrieben. Wie Dreck schleuderten die Wellen ihre Kronen in den Sand.

Kaum hatten sie den Strand erreicht, verwandelten sie sich in staubigen Schmutz, den der Wind in lieblosen Fetzen davontrieb.

Als Martha den von Beton verstärkten Durchgang durch die Düne passiert hatte und einen ersten Blick auf das Meer werfen konnte, befiel sie wie immer beim Anblick des Wassers und der Wellen ein tiefes seltsames Sehnen. Es fiel ihr von der Brust in den Bauch und nistete sich dort ein.

Dort sind wir mal rausgekrochen, dachte sie, während sie den Horizont musterte und ihre Augen über das Wasser wandern ließ. Säugetiere mit einem Verlangen nach Grund und Boden.

Lass das melancholische Gehabe, fiel sie sich ins Wort.

Sie trank einen tiefen Schluck Meeresrauschen, atmete ein bisschen Schaumkronengischt ein und freute sich herzlich, dass sie diesen Anblick jetzt drei Wochen lang genießen können würde.

Sie zog ihre schweren Wanderschuhe aus. Ich werde wandern, wandern, wandern. Hatte sie ihren Freundinnen gesagt. Dann streifte sie die Funktionssocken von den Füßen und erschrak über die Kälte des Sandes. Nicht nur kalt, auch hart war er. Sie staunte. Ich war noch nie im Oktober an der See. Das kann nur gut werden. Das war ihre Beschwörungsformel gewesen. Sie hatte eine Kur genehmigt bekommen.

Nach dem Tod ihres Bruders, dessen qualvolles Sterben sie fast zwei Jahre begleitet hatte, war sie einfach zusammengeklappt. Im Lehrerzimmer. Blut aus Mund und Nase. Aus heiterem Himmel. Alle Wege, alle Beratungen hatten keine Erklärung gebracht. Nur eins wurde deutlich. Sie würde sich ausruhen müssen. Eine psychosomatische Kur. Ein Versuch ist es wert.

Jetzt bin ich da.

In der Lobby des Kurheims sah sie ihn zum ersten Mal. Er hatte ein kleines Mädchen auf dem Schoß. Neben ihm stand Gepäck. An einen Koffer war ein kleiner rosafarbener Rucksack gelehnt. Sie ging an den beiden vorbei.

„Pass auf. Da wimmelt es von Männern, die einsame, traurige Kurgäste glücklich machen wollen. Die sehen gut aus. Und sind charmant." Ihre Freundin Babette hatte sie mit einem Augenzwinkern und erhobenem Zeigefinger gewarnt.

Aber das war kein Thema für sie. Sie war erschöpft. Traurig. Der Tod ihres Bruders hatte sie mitgenommen, die Zeit der Qualen an den Rand des Wahnsinns gebracht. Sie konnte nicht mehr. Ein Kurschatten konnte ihr gestohlen bleiben.

ls sie von ihrer ersten Stippvisite am Meer zurück ins gepflegte und angenehm leere und kleine Kurhotel kam, erkundigte sie sich an der Rezeption nach dem Mann mit Tochter.

„Ein Kurgast. Herr Peter Mansfeld. Sitzt mit Ihnen am Tisch. Wir dachten, Sie sind der Gast, der vom Alter am besten zu einer jungen Familie passt. Sie sehen ja selbst, dass wir im Oktober nur sehr wenige junge Gäste und erst recht sehr wenige Kinder hier haben. Sind Sie mit dem Vorschlag einverstanden?" Die Dame hatte ihr noch weiter erklärt, dass sie natürlich jederzeit einen anderen Tisch bekommen könnte und dass sie überhaupt… Martha hatte ihr nicht mehr zugehört. Sie dachte an Peter.

DIES UND DAS

Im alten römischen Kalender war der **OKTOBER** der achte Monat (lateinisch octo).

Im Oktober wird der Wein gelesen, deshalb nennt man den Monat auch **WEINMONAT**. Gilbhart heißt er, weil das Laub der Bäume gelb wird. Dachsmond nannten ihn die Jäger und Reifmond hat mit dem Reif zu tun, der sich an Gras und Ästen sammelt, wenn die ersten Fröste auftreten.

CHRISTLICHES

Das christliche überkonfessionelle Hauptfest des Oktobers ist das **ERNTEDANKFEST**. Es geht auf vorchristliche Rituale zurück, wie sie in fast jeder menschlichen Kultur anzutreffen sind. Während oder gegen Ende der Erntezeit wurde und wird den Göttern für Gnade und Fruchtbarkeit gedankt. Meistens geschieht dies durch Darbringen von Gaben, die die Fülle symbolisch zum Ausdruck bringen. Ein festes Datum fehlt bisher. In evangelischen Gemeinden wird Erntedank meistens an Michaelis oder einem angrenzenden Sonntag begangen. Die Gemeinde trägt Erntegaben zusammen. Aus privaten Haushalten und von Geschäftsleuten kommen Lebensmittelspenden aller Art. Leider ist der Verlust des sinnfälligen Zusammenhangs von schwerer Erntearbeit und den Früchten des Feldes, die in den folgenden Monaten verzehrt werden, verloren. Trotzdem finden sich Kirchgemeinden, in denen wunderschöne Erntekronen, Erntekränze oder Erntepuppen zu finden sind. Manche Altäre werden zu wahren Augenweiden herausgeputzt. In einigen Gegenden sind Bauernmärkte, Reit- und Geschicklichkeitsspiele und andere traditionelle Feierlichkeiten mit dem Erntedankfest verbunden.

In jedes evangelische Kirchenjahr gehört der **REFORMATIONSTAG**, der am 31.10. begangen wird. Am Tag vor Allerheiligen 1517 soll Martin Luther 95 Thesen in lateinischer Sprache an die Tür der Wittenberger Schlosskirche geschlagen haben. Die Thesen befassen sich mit dem Ablasshandel, mit dem Lebende Vergebung der Sünden über den Tod hinaus käuflich erwerben konnten, und mit Beichte und Buße. Dieser Tag gilt als Geburtsstunde der Reformation, die die Kirche tief erschüttern sollte und zu einer weiteren konfessionellen Spaltung führte.

Historisch sind Anlass und Hergang der Ereignisse umstritten. Das Reformationsjubiläum 2017 wird die Reformation neu und spannend ins Bewusstsein rücken. Seit 2008 gibt es eine „Reformationsdekade", in der jedes Jahr einem thematischen Schwerpunkt der Reformation zugeordnet wird (www.luther2017.de). Die Reformation soll in diesem Zeitraum als kulturprägende Leistung gewürdigt werden, ohne die Europa so, wie es heute ist, undenkbar wäre. Mündigkeit und die Emanzipation des Gewissens gegenüber der Obrigkeit sind nur durch Luthers fundamentale Entdeckung der individuellen Freiheit und Verantwortung vor Gott ins europäische Bewusstsein vorgedrungen. Und dass heute kein Mensch mehr vor Gott Angst hat, ist ebenfalls ein Verdienst der Reformation, denn an Gottes unerschöpflicher Gnade und deren Verdeutlichung im persönlichen Glaubensleben durch Zuversicht und Tatkraft war Luther sehr gelegen.

235

JÜDISCHES

Sukkot – das **LAUBHÜTTENFEST** – endet mit Simchat Tora, dem Fest zur Freude über die Tora, die Bibel. Zu Simchat Tora werden die Tora-rollen der Synagoge in königliche Kleider gehüllt, mancherorts sogar gekrönt. Es gibt einen ausgelassenen Tanz des Rabbiners/der Rabbinerin und der Gemeinde während des Gottesdienstes mit einer Torarolle.
In der Synagoge ist man heute bei den wöchentlichen Lesungen aus der Tora am Ende angekommen. Da aber das Lesen und Lernen niemals aufhören soll, wird sofort am Anfang wieder begonnen.

VOLKSTÜMLICHES

Seitdem die DDR am 3.10.1990 der Bundesrepublik Deutschland beigetreten ist, wird dieser Tag als **TAG DER DEUTSCHEN EINHEIT** feierlich begangen. Die letzte deutlich sichtbare und spürbare Folge des Zweiten Weltkriegs, die Teilung Deutschlands in zwei Länder, ist beseitigt. Der Tag ist deutschlandweit Feiertag und wird in vielen Städten mit Bürgerfesten begangen. Jedes Jahr richtet eine andere Hauptstadt eines Bundeslandes eine zentrale Einheitsfeier aus. Am Brandenburger Tor in Berlin ist am 3.10. immer besonders viel los, denn die Berliner und Berlinerinnen waren es, die von beiden Seiten die sie trennende Mauer erkletterten und so letztlich das Ende der DDR einleiteten.

236

HALLOWEEN wurde schon zu Zeiten der Kelten auf den Britischen Inseln gefeiert. Schon damals fiel es auf den 31.10., der der letzte Tag des Jahres und das Ende des Sommers war. Mit riesigen Feuern wurden die warme Jahreszeit verabschiedet und zugleich die Geister vertrieben. Die ausgehöhlten Kürbisse oder Rüben mit ihren Geisterfratzen sind Reste dieser Feuer. Der Zusammenhang zu den Ritualen rund um das katholische Fest Allerheiligen (1.11.) wurde durch die irischen Einwanderer, die im 19. Jahrhundert in die USA kamen, hergestellt. Sie entwickelten Halloween („All Hallow's Eve" oder „All Hallow's Evening") zu einem geselligen und ausgelassenen Fest mit Geisterpartys und Geschenken für Kinder am Vorabend von Allerheiligen. Seit den 1990er Jahren wird es auch in Deutschland gefeiert.

Die 1949 gegründete **FRANKFURTER BUCHMESSE** findet jedes Jahr im Oktober statt. Ihr Höhepunkt ist die seit 2005 stattfindende Verleihung des Deutschen Buchpreises für ein aktuelles Buch aus dem Bereich deutschsprachiger Belletristik.

AUS ALLER WELT

Der **AFFENKÖNIG** ist im Reich der chinesischen Märchen und Legenden eine bedeutende, zwielichtige und zuletzt geläuterte Gestalt. Im klassischen Roman „Die Reise nach dem Westen" von Wu Chengen wird sein Schicksal ausführlich geschildert. Der Affenkönig entsteht durch märchenhafte Zeugung und schlüpft aus einem Ei. Er ist mit vielen Künsten begabt, die er missbraucht. Erst Buddha kann seinen Streichen ein Ende bereiten. Ganz verändert wird er, als er mit dem Mönch Xuanzang in den Westen reisen darf, um die Schriften des Buddha aus Indien zu holen. Am 4. 10. jeden Jahres wird Sun Wu Kong, das chinesische Fest zu Ehren des Affenkönigs, gefeiert.

SCHÖPFUNG

MENSCH

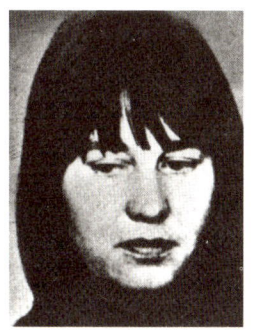

Am 7.10.1934 wurde **ULRIKE MEINHOF** geboren. Mit sechs Jahren verliert sie ihren Vater, mit fünfzehn ihre Mutter. Sie wächst unter der Vormundschaft von Renate Riemeck auf, die die christliche und antifaschistische Erziehung der Eltern fortsetzte. Sie nimmt ein Studium der Philosophie, Pädagogik, Germanistik und Soziologie auf. Zunächst engagiert sie sich in der evangelischen Studierendenbewegung, später schließt sie sich dem Sozialistischen Deutschen Studentenbund an. 1959 bis 1969 erscheinen ihre ehrlichen und immer radikaler werdenden Kolumnen in der linken Zeitschrift „konkret", deren Chefredakteurin sie von 1960 bis 1964 war und deren Herausgeber Klaus Rainer Röhl sie 1961 geheiratet hatte. 1968 verlässt sie ihren Mann und zieht mit ihren Zwillingen nach Berlin. Ihre Haltung radikalisiert sich vor allem im Zusammenhang mit dem Tod Rudi Dutschkes. 1970 ist sie an der Befreiung Andreas Baaders beteiligt und geht

Die Menschenwürde ist antastbar.

danach als meistgesuchte Frau Deutschlands in den Untergrund, wo sie die Mitgründerin der Roten Armee Fraktion (RAF) und Befürworterin des bewaffneten Kampfes wird. 1972 kommt es zu fünf bewaffneten Brennstoffanschlägen mit vier Toten. Im Juni desselben Jahres sind alle Gründungsmitglieder der RAF verhaftet. Im Hochsicherheitsgefängnis Stuttgart/Stammheim erlebt Ulrike Meinhof eine qualvolle Zeit. Sie gilt unter den Isolierten als isoliert. Sie bricht den Kontakt zu ihren Kindern ab. In der Nacht vom 7. auf den 8. Mai 1976 stirbt sie.

„Mit allem, was sie getan hat, so unverständlich es war, hat sie uns gemeint", sagte Gustav Heinemann, deutscher Politiker und von 1966 bis 1969 Bundesminister der Justiz. Er hatte während der Unruhen um Dutschkes Tod eine wegweisende Rede gehalten, in der er um eine gründliche Deutung der Ereignisse kämpfte. Er erkannte in ihnen den Ausdruck tiefen Misstrauens der jungen Generation gegenüber Politik und Regierung.

Ulrike Meinhof war und bleibt eine herausfordernde Person. Hochbegabt und weitsichtig, streng und radikal, bleibt doch ihre Entscheidung für Gewalt eine Anfechtung und ein Rätsel für alle, die sich aufmerksam mit ihr beschäftigen.

 Am 22.10.1965 starb **PAUL TILLICH,** einer der bedeutendsten evangelischen Theologen der ersten Hälfte des 20. Jahrhunderts. 1933 floh er vor dem deutschen Nationalsozialismus in die USA. Im Ersten Weltkrieg lernte er als Feldprediger das Grauen kennen und ließ daraufhin alles Bürgerliche und Behäbige hinter sich, um sich einem stark links orientierten Denken zu widmen, in dessen Ausformung er zu einem der Begründer der politischen Theologie wurde. Seine Sprachbegabung und Weltzugewandtheit machten ihn populär. Er versuchte, den Glauben ganz im Leben der Menschen zu verankern und entdeckte gerade im Alltag die Gegenwärtigkeit Gottes.

241

Religiös sein bedeutet, leidenschaftlich nach dem Sinn des Lebens zu fragen und für Antworten offen zu sein, auch wenn sie uns tief erschüttern. […] Aber Religion in ihrem wahren Wesen ist mehr als Religion in diesem Sinne: Sie ist das Sein des Menschen, sofern es ihm um den Sinn seines Lebens und Daseins geht.

Der Schriftsteller Hans Fallada hat in seiner Erzählung „Fridolin, der freche Dachs" dem schönen Tier ein Denkmal gesetzt. Der **Dachs** ist nachts aktiv und lebt in Höhlen, die er gern an Waldrändern anlegt. Er wird höchstens 80 cm lang und kann bis 17 kg wiegen. Er trägt ein graues Fellkleid, das durch schwarze und weiße Streifen am Kopf auffällig gezeichnet ist. In alten Zeiten nannte man ihn Grimbart. Er ernährt sich von Pflanzen und kleinen Tieren, besonders gern von Regenwürmern. Seine Schnauze ist fast wie ein kleiner Rüssel verlängert und an ihrer Spitze sitzt eine glänzende schwarze Nase.

Im Oktober ist Pilzzeit. Wenn es ausreichend feucht ist und nicht zu kalt, dann duftet der Wald nach Pilzen und es ist nicht schwer, einige zu finden, die auch essbar sind.

Pilze sind biologisch neben den Pflanzen und den Tieren ein „eigenes Reich", zu ihnen gehören Exemplare wie die Backhefe, aber auch die Schimmelpilze auf dem Käse. Pilze machen dem Menschen nicht nur als essbare Exemplare Freude, sie sind auch zur Herstellung von Alkohol, Penicillin und Vitamin C nützlich. Natürlich können sie in Gestalt giftiger Pilze krank machen, dasselbe aber vermögen sie auch als Pilze, die die menschliche Haut befallen.

Es gibt massenhaft Pilzarten.

Wenn du nach einem Pilzspaziergang Pilze im Korb hast, die du nicht genau kennst, dann suche unbedingt eine Pilzberatungsstelle auf

und lass die Pilze vom Fachmann oder der
Fachfrau bestimmen. Ein ungenießbarer Pilz
kann ein ganzes Gericht verderben.
Eine Pilzvergiftung ist kein Spaß. Und nach
wie vor gilt: Es gibt tödlich giftige Pilze
wie zum Beispiel den grünen Knollenblätter-
pilz, nach dessen Verzehr jede Hilfe zu
spät kommt!

Im Oktober werden die **Kartoffeln** aus der Erde geholt. Die industrielle Landwirtschaft macht das mit großen Maschinen vollautomatisch. Im Garten muss man hingegen den Reihen mit der Grabegabel folgen, um die Knollen aus dem Erdreich zu bergen. Oft ist ein Nachgraben mit den Händen ratsam, damit man alle kostbaren Kartoffeln findet. Die Kartoffel ist ein Nachtschattengewächs, weshalb ihre oberirdischen Pflanzenteile giftig sind. Sie kommt aus Südamerika und wurde vor etwa 250 Jahren nach Deutschland eingeführt. Zuerst waren die Bauern und Bäuerinnen sehr skeptisch und konnten mit dem neuen Kraut nix anfangen. Zunächst verbreitete sich die Kartoffel deshalb als Zierpflanze in Parks und Gärten, erst langsam trat sie ihren Siegeszug in unsere Küchen an. In Mittel- und Südamerika kennt man zahlreiche und wunderschön unterschiedlich bunte Kartoffeln. In unseren Breiten ist die Auswahl leider kleiner, aber auch hier bemühen sich Menschen, denen Artenvielfalt am Herzen liegt, um die Verbreitung unterschiedlicher Kartoffelarten. Vielleicht probiert ihr zu Hause mal das Bamberger Hörnla oder die fest kochende Sorte Anuschka aus? Im Bioladen kannst du fündig werden.

BIBEL GEGEN DEN STRICH GEBÜRSTET

LEIB UND SEELE. MENSCHENBILD DER BIBEL

Die Seele heißt im biblischen Hebräisch „nefesch" und bedeutet im Wortsinn Kehle. Sie bezeichnet das Gemüt, die Leidenschaften und die Vitalität. Sie ist – wie die Wortbedeutung vor Augen führt – untrennbar mit dem Leib verbunden. Das biblische Denken kennt den Dualismus von Leib und Seele, wie er durch die hellenistische Philosophie ins Christentum eingetragen wurde, nicht. „Meine Seele" ist in der hebräischen Bibel „mein ganzes Ich". Die Seele hat Hunger und Durst, durch sie geht der den Menschen belebende Atem. Wird die Kehle zugedrückt, schwindet das Leben aus dem Menschen. Im Neuen Testament wird das hebräische Wort „nefesch" mit dem griechischen Wort „psyche" wiedergegeben. Der Leib heißt im Hebräischen „basar" und verbindet Mensch und Tier und unterscheidet beide von Gott. Wer „basar" ist, ist sterblich. Im Griechischen des Neuen Testaments wird basar mit „sarx" übersetzt und meint zunächst neutral das irdische und körperliche Dasein des Lebens. Das zweite Wort für Leib heißt „soma". Von „soma" spricht das Neue Testament, wenn es den Menschen in Beziehung zu anderen Menschen und Gott oder Jesus setzt. Die christliche Gemeinde ist das „soma" Christi, der Leib Christi.

Wir denken heute ausgeprägt in Dualismen. Die ursprüngliche, unlösbare Einheit von Leib und Seele ist uns fremd, aber wir spüren,
dass uns etwas fehlt, wenn wir in der Trennung der Einheit verhar-
ren. Wir bemerken das angesichts von Krankheit und Tod, aber auch
bei der Suche nach spirituellen Erfahrungen. Stille zu finden bedeutet, Leib und Seele zur Ruhe zu führen. Gott zu erfahren, ist ein leib-
seelisches Ereignis. Unsere Haltung zu etwas drückt sich in unserer
Körperhaltung aus. Es schnürt uns bei Angst nach wie vor die „Kehle"
zu und die Seele ab.

Das deutsche Wort Leib kommt vom mittelhochdeutschen „lib" und
bedeutet Leben. Auch hier führt uns die sprachliche Spur zu einer
umfassenderen Deutung. „Körper" hingegen kommt vom lateinischen
„corpus" und hat vor allem rechtliche Belange im Blick. Medizin-
geschichtlich ist „corpus" im Unterschied zum Leib der tote Körper.
Eine Wiederentdeckung biblischer Weisheit und Weitsicht führt auch
zu einer neuen Wertschätzung der Leib-Seele-Einheit. Wir sind mehr
als Körper. Unser Leben ist ganz und gar.

NÜTZLICHES

Im Oktober endet in den meisten Weinregionen Deutschlands die **WEINLESE.** Es gibt Feste zu erleben. Einzelne Weinbauern bieten auch die Möglichkeit, Wein selbst zu lesen, auch für Familien. Die Suche danach lohnt sich. Es ist eine wunderbare Erfahrung.

248

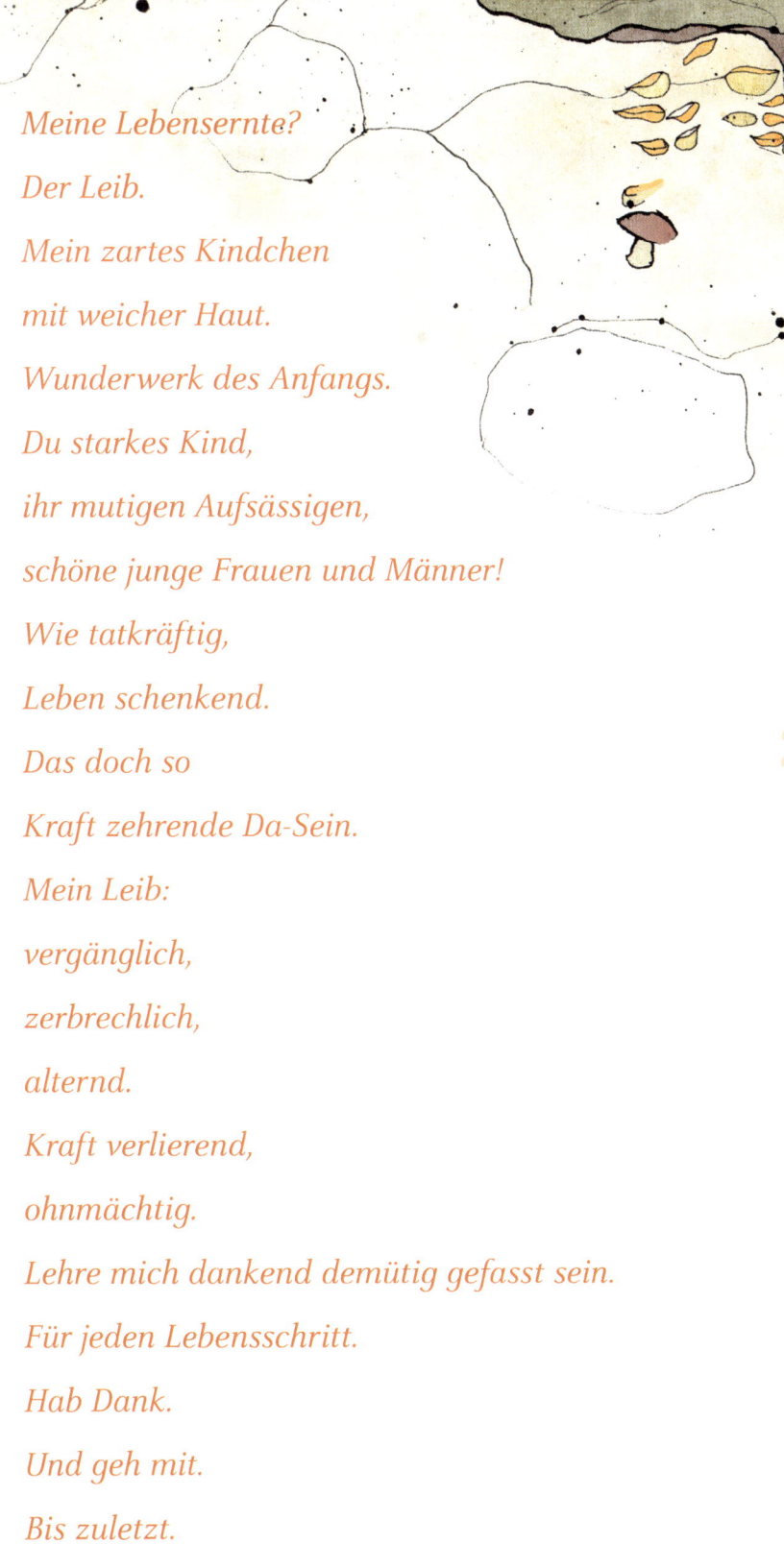

Meine Lebensernte?

Der Leib.

Mein zartes Kindchen

mit weicher Haut.

Wunderwerk des Anfangs.

Du starkes Kind,

ihr mutigen Aufsässigen,

schöne junge Frauen und Männer!

Wie tatkräftig,

Leben schenkend.

Das doch so

Kraft zehrende Da-Sein.

Mein Leib:

vergänglich,

zerbrechlich,

alternd.

Kraft verlierend,

ohnmächtig.

Lehre mich dankend demütig gefasst sein.

Für jeden Lebensschritt.

Hab Dank.

Und geh mit.

Bis zuletzt.

Georg war in diese Haare verliebt. Zuerst aschblond, dann weizenblond, dann weißblond. Dabei wuchsen sie und ringelten sich in den Spitzen. Immer wenn Marlene auf seinen Schoß geklettert war, hatte er Nase und Mund in diesem weichen Wunder versenkt. Jeder Tag in der Sommersonne machte ihr Haar heller, während ihre Haut dunkler wurde.

Ihre kleine Gestalt im Garten zwischen den Bohnen, unter den Himbeeren, in den Erdbeeren – wie im Traum schienen ihm diese Erinnerungen. Er erinnerte sich auch an seine Frau, die Marlene folgte oder ihr voranging, neben ihr saß und Johannisbeeren von den Stielen löste und dabei mit dem Mädchen sprach.

Mit großer Zuneigung hatte er beobachtet, wie aus den von süßen Speckbergen gedeckten Ärmchen lange, schlanke Mädchenarme wurden. Mit Staunen hatte er verfolgt, wie aus einem neugierig selbstvergessenen Kind eine Person mit Klugheit und Willen wurde.

Seine eigenen Kinder hatte er nicht so lieben können. Er wusste nicht warum. Sie waren über ihn gekommen. Das gehörte dazu. Zu einem Leben mit Frau. Sie hatte sie ausgetragen und großgezogen. Er hatte sich dabei keine Verdienste errungen. Zwei Jungen und zwei Mädchen. Eigentlich müsste ihm sommerliches Blond selbstverständlich sein.

Aber dann kam Marlene. Die Tochter seines großen Sohnes Peter. Und er war verzaubert. Die Scheidung ihrer Eltern, der Verlust Sonjas hatte ihm zu schaffen gemacht. Aber noch mehr Kummer bereitete ihm die Angst, dass Marlene fortan seltener zu Besuch sein würde. So war es auch eingetroffen. Aber den Besuch im November, den hatte er sich bei einem persönlichen Gespräch mit Sonja erbeten. „Lass mich mit ihr zu den Gräbern gehen!", hatte er gefordert. „Das kriegt sie nur von mir." Sonja wusste, dass das stimmte. Sie selbst kannte niemanden, der so regelmäßig und beharrlich mehrere Gräber pflegte, besuchte, liebte. Marlenes Reise im November zu den Großeltern aufs Land blieb ein fester Termin in ihrem Kinderleben.

Aber jetzt war sie eine junge Frau geworden. Es konnte sein, dass sie ihn nicht mehr lange bei seinem Gang begleiten würde. Es stand ihr nun ganz und gar frei, zu ihm zu kommen und ihm am Totensonntag zu helfen.

un sag schon, Opa", hatte sie ihn in diesem Jahr gefragt, „sag schon. Wer kriegt die gelbe Rose?" Dabei waren sie zwischen den ungepflegten Gräbern an der nördlichen Friedhofsmauer hindurchgegangen. Der Weg war fast völlig verwachsen. Die Ecke war der Platz der Vergessenen. Fast.

Jedes Jahr wurde ihr Fragen drängender. Jedes Jahr gingen sie hier entlang. Jedes Jahr begleitete ihn Marlene, wenn er um diese Jahreszeit zu den Gräbern ging. Jedes Jahr gingen sie diesen wilden Weg und er legte eine gelbe Rose auf einen namenlosen Hügel. Zu anderen Rosen. Manches Mal waren es mehr, manches Mal weniger. Nie war seine die Einzige.

„Nun sag es mir endlich", ihre Stimme klang heute deutlich und klar. Da war keine Wut, keine bissige Neugier, keine Spur von Spott über eine Marotte eines alten Mannes. Er hatte sie angesehen. Das Haar war rot gefärbt und stand in kurzen Büscheln ab. Ihre Augen hatte sie mit schwarzen Linien umrandet. Den Mund kirschrot geschminkt. Sie trug die Stecknadel, wie seine Frau das nannte, an der Augenbraue. Das Grübchen in ihrem Kinn war das nahezu letzte Zeichen seiner sommerlichen Enkelin. Aber noch immer überschwemmte ihn die Liebe, wenn sie bei ihm war. Noch immer waren sie Verschworene.

Heute wollte er es ihr erzählen.

„Hier liegt ein Klassenkamerad von mir. Und all die Rosen sind von anderen, die auch in meiner Klasse waren. Wir haben ihn gehänselt, geärgert, gefoppt, gepeinigt. Er war anders als wir. Ich weiß nicht wie. Er ist ertrunken. Unten am Fluss. An einer gefährlichen Stelle, die wir alle kannten und immer gemieden haben. Ein Unfall? Die Schuldgefühle habe ich mit den Jahren abgelegt. Aber ein Zeichen meiner Betroffenheit muss ich ihm trotzdem jedes Jahr geben. Meine gelbe Rose."

„Gelb wie der Neid?", treffsicher und fragend kam ihre Ergänzung.

DIES UND DAS

Wieder hat der Monatsname mit der alten Kalenderzählung des Römischen Reiches zu tun. Novem heißt im Lateinischen neun. Von den anderen Monaten wissen wir schon, dass diese falsche Zahl – wir zählen den NOVEMBER schließlich als Nummer 11 – mit dem einstmaligen Jahresbeginn im März zu tun hatte.

Nebeling, Windmond, Wintermond – deutliche Bezüge zum Wetter des nebligen Novembers sind nicht zu überhören. In katholischen Gegenden geben die Feste Allerheiligen und Allerseelen den Hintergrund für den volkstümlichen Namen TOTENMONAT.

CHRISTLICHE FESTE

Bis 1994 hatten die Deutschen einen seltsamen staatlichen Feiertag: den **BUSS- UND BETTAG**, der im evangelischen Gottesdienstbuch auch Herbstbußtag genannt wird. (Der Frühjahrsbußtag ist der Aschermittwoch.) Seit 1995 ist der Buß- und Bettag nur noch ein kirchlicher Feiertag und außer dem Freistaat Sachsen haben alle anderen Bundesländer seinen Feiertagscharakter abgeschafft.

Warum kennen wir im Kirchenjahr so etwas wie einen Buß- und Bettag?

Er liegt genau 40 Tage vor Weihnachten. Und tatsächlich ist die Ähnlichkeit zu Aschermittwoch und Ostersonntag im Herbst beabsichtigt. Auch das zweite Hochfest des Christentums – das Weihnachtsfest – sollte mit einer Fastenzeit, einer Zeit der Innenschau und Nachdenklichkeit, vorbereitet werden. Ziel war, durch asketische Übungen die geistliche Würde zu erneuern.

Heute liegt der inhaltliche Schwerpunkt oftmals auf dem Abschluss der Friedensdekade, die seit 1980 in Deutschland vom drittletzten Sonntag des Kirchenjahres bis zum Buß- und Bettag begangen wird. In Zeiten des Kalten Krieges und atomarer Hochrüstung mitten in Europa hatte die Ökumenische Friedensdekade große Aktualität und Brisanz. In der DDR wurde ihre Durchführung manchmal zu einem Akt des Mutes und des Widerstandes. Leider ist die Bedeutung dieser zehn Tage intensiver Friedensgebete zurückgegangen.

Heute brauchen wir für einen Herbstbußtag einen neuen und anderen Sinn, der allerdings die Sehnsucht nach Frieden, Gerechtigkeit und Abrüstung nicht aus dem Blick verlieren darf. Ganz sicher ist die Zeit gekommen, den Gedanken und die Einübung der Askese neu zu leben. Verzicht, verschenken, weggeben. Das wären Themen für einen persönlichen Buß- und Bettag. Eine einfache Fastenübung wäre ein Anfang.

Am 11.11. beginnt die fünfte Jahreszeit, der **KARNEVAL**. Besonders in Köln wird dieser Tag mit großem Trubel gefeiert. Ganz wie im Frühjahr wurden einst die Fleischreserven verzehrt (Martinsgans), um die vorweihnachtliche Fastenzeit begehen zu können. Zwischen 12.11. und 5.1. ruht der Karneval.

Auf den 11.11. fällt auch der **MARTINSTAG**, der an vielen Orten mit Martinsfesten und -umzügen zu Ehren des Heiligen Martin von Tours gefeiert wird. Auch viele evangelische Gemeinden haben sich für dieses Fest geöffnet, obwohl die Bedeutung der Heiligen und ihre Verehrung im Protestantismus nicht üblich sind. Heilige sind durch die Päpste „heilig" gesprochene Personen der Geschichte oder der Tradition. In der katholischen Theologie haben sie herausragende Bedeutung für die persönliche Frömmigkeit. Sie werden verehrt und im Gebet angerufen. Luther und die Reformatoren haben sich damit sehr kritisch auseinandergesetzt. Die Heiligen mögen – so Luther – als lehrreiche Vorbilder dienen, sind aber in keiner Weise Gott näher als andere Menschen.

Martin von Tours, der Namenspatron dieses Tages, war ein Mann, dessen Entscheidung zu Armut und Waffenlosigkeit Beachtung und Nachahmung verdient. In diesem Sinn kann der Tag begangen werden: Kindern und Erwachsenen diene die demütige Konsequenz dieses Querdenkers zum Vorbild.

Das Kirchenjahr geht mit dem evangelischen **TOTENSONNTAG** zu Ende, der auch Ewigkeitssonntag genannt wird. Er entstand im 16. Jahrhundert als evangelisches Pendant zu Allerseelen. Heute werden in vielen Kirchgemeinden die Verstorbenen des vergangenen Kirchenjahres verlesen. Der schmerzhaften Wirklichkeit des Todes wird gedacht und zugleich der Blick auf die größere Hoffnung, das große Sehnen nach dem Leben, das stärker ist als der Tod und dessen Strahlkraft über den Tod hinausreicht, gelenkt. Es ist beglückend, wenn das gelingt, wenn Menschen Trost erfahren von etwas, das man nicht sehen kann, das aber die Herzen mit Wärme und Hoffnung zu füllen vermag. Unser Leben ist mehr als das. Und Gott ist alles in allem. Der Tod ist ein Übergang in das große Zuhause des Lebens.

VOLKSTÜMLICHES

Der **VOLKSTRAUERTAG** wurde vom Volksbund Deutscher Kriegsgräberfürsorge e. V. ins Leben gerufen und diente seit 1925 besonders dem Gedächtnis der Kriegstoten. Im „Dritten Reich" unterbunden, erlangte er nach 1945 neue Bedeutung und wurde auf den vorletzten Sonntag vor dem 1. Advent gelegt.

258

AUS ALLER WELT

Zu den fünf Säulen des **ISLAM** gehören das Bekenntnis (1), das Gebet (2), das Fasten (3), das Almosengeben (4) und die Pilgerfahrt nach Mekka (5), der sich jeder Muslim, jede Muslima, sofern es Gesundheit und finanzielle Lage zulassen, einmal im Leben unterziehen soll. Die Mitte dieser Pilgerfahrt wiederum, die jedes Jahr in den letzten zehn Tagen des zwölften Mondmonats stattfindet, ist das Fest „Id al Adha", das der durch Gott vereitelten Opferung Ismails (in den jüdischen und christlichen Schriften Ismael) durch seinen Vater Ibrahim (Abraham für jüdische und christliche Menschen) gedenkt. Gott schickte zur Rettung Ismaels ein Schaf. Heute begeht man das Fest mit einem Festessen, zu dem es Lamm gibt. Teile des Mahles werden an Arme und Nachbarn verschenkt.

259

Wahrlich, das erste Haus, das für die Menschen errichtet wurde, ist das in Mekka. Zum Segen und zur Rechtleitung für die ganze Welt besteht es. In ihm sind deutliche Zeichen für seine Heiligkeit – der Ort Abrahams. Wer es betritt, ist sicher. Und Gott macht den Menschen, die es vermögen, die Pilgerfahrt zur Pflicht. Und wer daran nicht glaubt – Gott bedarf der Welten nicht.

Aus der dritten Sure

SCHÖPFUNG

MENSCH

Am 1.11.1921 wurde **ILSE AICHINGER** in Wien geboren. Ihre Mutter war Jüdin und schon bald brach der Antisemitismus in ihr Leben ein. Nach der Scheidung der Eltern gelang es, Ilses Zwillingsschwester nach England in Sicherheit zu bringen. Sie selbst schützte bis Kriegsende ihre Mutter und versteckte sie. Alle anderen Angehörigen ihrer mütterlichen Seite kamen in verschiedenen Konzentrationslagern um.

Die Melancholie zeichnet die Gesichter und gibt sie
der Verachtung preis.
Daß man etwas weiß heißt nicht, daß man es weiß.
Sich müde werden lassen.
Es ist kein Augenblick besser als der andere
wem das einmal klar ist, dem hilft der Himmel.
Den Ankünften nicht glauben wahr sind die Abschiede.

Was man kennt, geht einem verloren,
wenn man es zu kennen glaubt.

Nach 1945 widmete sie sich ihrer Leidenschaft, dem Schreiben, und wurde eine der großen deutschsprachigen Dichterinnen, deren Werk der Erinnerung an das Verbrechen am europäischen Judentum gewidmet ist. In bedrängender und dichter Sprache geht sie dem Leben und dem Grauen auf den Grund. Trotzdem verdanken wir ihr eines der größten (literarischen) Wunder der Nachkriegsliteratur. Ihr schmaler autobiografischer Text „Die größere Hoffnung" schildert in fast atemloser Zartheit, was es heißt, trotz allem zu hoffen.

Sie war mit Günter Eich verheiratet. Nach dem Unfalltod ihres Sohnes ist ihre literarische Stimme verstummt. Sie lebt in Wien.

Wenn einfache Schuhmacher Gott begegnen und ihre Erfahrungen darüber aufschreiben, kann das die gelehrten und von Amts wegen die Kirche vertretenden Herrschaften schon zu Wutanfällen bringen. So erging es dem 1575 geborenen **JAKOB BÖHME**, als er 1612 seine Niederschriften über seine mystische Gottesschau an ausgewählte Freunde verteilte und zuletzt doch eine Abschrift an den Görlitzer Superintendent Gregor Richter geriet, der fortan sein Erzfeind war, Böhme der Häresie bezichtigte, seine Verhaftung und einjährige Kerkerhaft veranlasste.

Was stand darin? Böhme, der später sein Schweigeversprechen brach, weil Richter nicht aufhörte, gegen ihn zu hetzen, gehört zu den bedeutenden deutschsprachigen Mystikern. Er ist ein Vertreter der demokratischen Bewegung, wie Dorothee Sölle es nannte. Er, der ungebildete Handwerker, kam in tiefer und stiller Betrachtung der Natur zu wesentlichen Erkenntnissen über Gott und die Schöpfung: Das Allerkleinste steht in Beziehung zu Gott und kann über den Schöpfer Zeugnis ablegen. Seine mutige Entdeckung, dass jeder Mensch zu Gotteserkenntnis und Einsicht gelangen kann und dass es dafür weniger der dürren Wörter denn der unmittelbaren Anschauung bedarf, muss bei kirchlichen Vertretern Skepsis geweckt haben. Dennoch hat er sich mit den Jahren einen anerkannten Stand erwerben können und zahlreiche Anhänger und Verehrer gefunden. Er starb kurz nach seinem Erzfeind Gregor Richter am 17. 11. 1624 in Görlitz.

Ich trage in meinem Herzen
nicht erst Buchstaben zusammen
aus vielen Büchern, sondern ich
habe den Buchstaben in mir.
Liegt doch Himmel und Erde mit
allem Wesen, dazu Gott selbst,
im Menschen.

TIER

GÄNSE sind spätestens seit den reizvollen Forschungen und lebendigen Berichten von Konrad Lorenz keine unbekannten Vögel mehr. Sie sind bemerkenswert. Sie leben, so lange es geht, monogam. Sie lassen sich zähmen. Sie fliegen Tausende Kilometer, um aus ihrem Stamm- und Brutsitz in der Arktis nach Mitteleuropa in den Winterstandort zu gelangen. Hier sind sie, um zu rasten und zu fressen. Beim Zug bilden sie schöne Keile, die den Himmel zerschneiden. Sie rufen, wenn sie fliegen. Zur Orientierung dienen ihnen vermutlich die Gestirne und das Erdmagnetfeld.

Durch Zucht und Gefangenschaft gelang es den Menschen, Hausgänse zu domestizieren, also zu zähmen.

Der Schwan gehört ebenfalls zur Familie der Gänse.

264

PFLANZE

Zum Totensonntag gehört das

Abdecken und Schmücken der Gräber.

Dabei wird häufig **Tanne** verwendet.

Die Tanne und die Nadelbäume im

Allgemeinen gewinnen während des Winters an symbolischer Bedeutung. Ihr immergrünes Kleid hebt sie von den laubabwerfenden Bäumen ab. Sie gehören zu den nacktsamigen Pflanzen. Besonders verbreitet sind sie auf der Nordhalbkugel der Erde, weil sie in der Lage sind, unwirtliche Gegenden zu besiedeln. Ihre Zähigkeit und ihr Grün machen sie zu Symbolpflanzen für die Hoffnung, dass das Leben siegen möge über alle Dunkelheit und über den Tod.

GUMMITIERE FÜR NAHRUNG

Haribo – der Planet der Gummitiere hat im November geöffnet. Meistens in den ersten Tagen herrscht in Bonn-Friesdorf der Ausnahmezustand! Seit Jahrzehnten kommen Kinder, beladen mit Säcken voller Eicheln und Kastanien, zum Werk und tauschen ihre Gaben ein: für zehn Kilogramm Kastanien oder fünf Kilogramm Eicheln gibt es jeweils ein Kilogramm Haribo-Naschereien. Warum? Der Gründer des sagenhaften Süßwarenimperiums Hans Riedel suchte für seine Rehe und Wildschweine händeringend nach Nahrung für den Winter, als ihm die rettende Idee kam. Seit 1936 sind Kinder eingeladen, ihre Sammelleidenschaft in Gummitiere zu verwandeln. Längst beliefert Haribo zahlreiche Zoos und Tierparks mit den Früchten, die an diesem Wochenende abgegeben werden. Heute muss mit langen Wartezeiten gerechnet werden, die aber durch ein buntes Unterhaltungsprogramm verkürzt werden. Maximale Abgabemenge sind 50 Kilogramm. Und der Weg bis zur Waage muss zu Fuß zurückgelegt werden: Bollerwagen und andere Transporthilfsmittel sollte man mitbringen. Näheres kann man auf der Website des Unternehmens erfahren.

BIBEL GEGEN DEN STRICH GEBÜRSTET

TOD UND SÜNDENMACHT

„Der Tod ist der Sünde Sold", übersetzte Martin Luther den 23. Vers des 6. Kapitels aus dem Brief an die Gemeinde in Rom. Spätestens seitdem gilt der Tod als Folge der Sünde, steht als schreckliche Folge der menschlich sündigen Natur im Raum. Die Idee der Erbsündenlehre, die im Kern ganz Ähnliches besagt, ist älter als Luthers Theologie. Auch sie hat das Denken des Abendlandes tief geprägt und den Tod in ein ganz und gar grauenhaftes Gewand gepresst.

Wird diese Auslegung der biblischen Überlieferung gerecht? Ist sie eine gute Deutung, um die Sterblichkeit des Lebens zu ertragen, zu würdigen und zu deuten?

Bereits das erste Buch Mose (1 Mose 2f) macht unmissverständlich klar: Der Mensch ist von Erde genommen und wird zur Erde zurückkehren, allein der Atem Gottes macht ihn zu einer beseelten Kehle. Das gelingende Leben ist mit der symbolträchtigen Geschichte von der Vertreibung aus dem Paradies deutlich genug als unerreichbar beschrieben, aber als unlöschbare Sehnsucht ins Herz der Menschen eingetragen. Mit Sünde allerdings hat der Tod nach diesem Strang biblischen Denkens nichts zu tun, sondern ist ganz einfach, erdverbunden und lebenserfahren gedacht, eine unstrittige Tatsache, die die gesamte Schöpfung betrifft. Das Leben ist von Anfang an vergänglich, sehr zerbrechlich und wertvoll, aber endlich.

Für den Glauben am Anfang des 21. Jahrhunderts stellt eine solche selbstverständliche Akzeptanz des Todes eine lohnende Herausforderung dar. Die Individualisierung hat viele von uns starke Persönlichkeiten ausbilden lassen, denen der Gedanke an den Tod furchtbare Qualen bereitet, denn er wird als Ende allen vorstellbaren Lebens gedeutet und weil er vermutlich auch das Ende der Personalität bedeuten wird, ist er ganz besonders schrecklich. Dieses Denken macht uns zu Gejagten, deren höchstes Gut ein langes Leben in eiserner Gesundheit und unter bestmöglicher medizinischer Versorgung ist. Das Sterben, so Fulbert Steffensky, ist in einer Gesellschaft der Sieger wirklich schwer geworden.

Gesundheit ist zum Dämon geworden und in ihrer beherrschenden Kraft gewinnt ihre Anbetung (Gottesdienste in Wartezimmern) fast die Züge der Sünde. Denn Sünde, so die Lektüre der biblischen Zeugnisse und ihre Auslegung in der aktuellen Theologie, hat weniger mit Sexualität oder lebenslänglicher Verfangenheit zu tun, als vielmehr mit Strukturen, die den Tod bringen. Claudia Janssen, eine bedeutende Kennerin des Briefes an die Gemeinde in Rom, wählt deshalb den Begriff „Sündenmacht", um sowohl die Diesseitigkeit der Sünde zu beschreiben als auch ihre Mächtigkeit, ihre Kraft der Beherrschung, sprachlich anschaulich zu machen. Die Sündenmacht entfremdet uns von Gottes Lebensliebe, sie macht uns zu Sklaven und Sklavinnen unserer Gier, unseres Geizes, unserer Überschätzung. Sie zerstört unsere Beziehungen und schwächt unser Verlangen nach Heilsein. Die Sündenmacht knechtet uns in die ungerechten Strukturen des ungezügelten Kapitalismus, der wenige Gewinnende und sehr viele Verlierende kennt. Sünde ist – nach dieser Deutung – kein Phänomen der

Innerlichkeit mehr allein, sondern hat politische und gesellschaftliche Bedeutung. Der Tod wiederum wird so zu einer Erscheinung mitten im Leben, die keineswegs das Ende des Lebens markiert, sondern das Ende der Liebe, des Vertrauens und des Mitgefühls. Der Tod ist unter der Herrschaft der Sündenmacht ein Tod mitten im Leben. Solche Tode werden zahlreich gestorben. Sie kosten uns die Hoffnung. Sie machen uns klein und schwach. Aber – so die Bibel – Gottes Widerstandskraft gegen den Tod hat sich in der Auferstehung Jesu Christi deutlich gezeigt und markiert seitdem eine Hoffnung darauf, dass die Macht der Sündenmacht gebrochen ist und wir Menschen zur Freiheit Befreite sind und als solche leben können – mit einem Herzen voll Sehnsucht nach gelingendem Leben.

NÜTZLICHES

Adventskranz

Hast du schon eine Heißleimpistole? Du solltest dir eine wünschen. Damit kann man jetzt herrliche Sachen basteln. In Erwartung der Adventszeit sammle ich kleine Äste, Stöckchen und andere schön geformte Holzreste. Wenn ich eine ordentliche Menge zusammen habe (eine Einkaufstüte voll), baue ich daraus mit der Heißleimpistole Adventskränze. Ich schichte die Stöckchen kreisförmig aufeinander und verleime sie Stück für Stück miteinander. Ist der Kranz 5 cm hoch, höre ich auf. Baue ich ihn höher, kann auch ein zauberhaftes Windlicht entstehen. Ich klebe Glasmurmeln hinein oder bunte Sterne, die ich aus Papier falte. Es können auch Hagebutten sein oder rote Blätter, die beim Blättersammeln im Oktober übrig geblieben sind. Im Bastelgeschäft gibt es kleine Kerzenhalter, die du auf dem Kranz festleimen kannst. Mit vier Kerzen – fertig ist der Adventskranz.

Gott.

Lebensursprung.

Zauberquelle.

Der Tod reißt Wunden.

Abschied verletzt.

Warum ist das Leben so?

Gott.

Überlebenswille.

Mehr als alles.

Alles in allem.

Auferstanden.

Gegen allen Tod.

In das sterbliche Leben hinein.

Nun komm schon.

Tröste mich.

Versöhne mich.

Mach mich erdverbunden.

Schon jetzt.

Auf später.

ANHANG

LITERATUR

KALENDER

- Kalender für das Jahr 2009. Feste und Feiertage der Religionen der Welt, Josef Peter Jeschke und Hans-Joachim Simm (Hg.), Frankfurt a. M. 2008.

- Kalender für das Jahr 2010. Feste und Feiertage der Religionen der Welt, Josef Peter Jeschke und Hans-Joachim Simm (Hg.), Frankfurt a. M. 2009.

- Kalender für das Jahr 2011. Feste und Feiertage der Religionen der Welt, Josef Peter Jeschke und Hans-Joachim Simm (Hg.), Berlin 2010.

NACHSCHLAGEWERKE

- Lexikon der Bräuche und Feste, Manfred Becker-Huberti (Hg.), Freiburg, Basel, Wien 2000.

- Feiern, Feste, Jahreszeiten. Lebendige Bräuche im ganzen Jahr. Geschichte und Geschichten, Bilder und Legenden, Manfred Becker-Huberti (Hg.), Freiburg, Basel, Wien 2001.

- Berühmte Frauen. 300 Porträts, Luise F. Pusch (Hg.), Band 1 und 2, Frankfurt a. M. 2002.

- Die Feste der Religionen. Ein interreligiöser Kalender mit einer synoptischen Übersicht, Reinhard Kirste, Herbert Schultze, Udo Tworuschka (Hg.), Gütersloh 1995.

- Lexikon der Frauenzitate. Kluge Gedanken, freche Bonmots, zeitlose Weisheiten, Ursula Scheu (Hg.), Kreuzlingen, München 2002.

- Evangelischer Erwachsenenkatechismus. Suchen. Glauben. Leben, Gütersloh 2010[10].

BIBEL

- Bibel in gerechter Sprache, Ulrike Bail (Hg.) u. a., Gütersloh 2006.

- Zürcher Bibel, Zürich 2007.

MONOGRAFIEN

- Binotto, Thomas: Vom Osterhasen zum Christkind.
  Christliche Feste im Jahreslauf, Zürich 2011.

- Boller, Ingrid / Fischer, Frank: Knuddelt das Pi. Impulse zum Weltknuddeltag
  und anderen (un-)bekannten Gedenktagen, Neukirchen-Vluyn 2010.

- Feldmann, Christian: Kämpfer, Träumer, Lebenskünstler. Große Gestalten
  und Heilige für jeden Tag, Freiburg, Basel, Wien 2007.

- Hunter, Jeremy: Heilige Feste. Eine Reise um die Welt, Berlin 2002.

- Lokoschat, Timo: Es wird eng im Kalender. 365 kuriose Gedenk- und
  Feiertage, München 2010.

- Richter, Günther: Feste und Bräuche im Wandel der Zeit.
  Kirmes, Kürbis und Knecht Ruprecht, Bielefeld 2011.

- Staubli, Thomas: Begleiter durch das erste Testament, Düsseldorf 1997.

TEXTSAMMLUNGEN

- Verstehen durch Stille. Loccumer Brevier, Hannover 2001.

- Für heute und morgen. Literarisches Geburtstagsbuch. Immerwährender
  Kalender, Wolfgang Erk (Hg.), Stuttgart 2003.

- Literarische Auslese. Texte für jeden Tag des Jahres, Wolfgang Erk (Hg.),
  Stuttgart 1999.

- Tag für Tag. Literarisches Geburtstagsbuch, Wolfgang Erk und Martin Scharpe
  (Hg.), Stuttgart 2010.

- Mit einem Engel durchs Jahr, Lyrik und Prosa für 366 Tage, Wolfgang Erk (Hg.),
  Stuttgart 2011.

- Behüte mich auch diesen Tag. Das Gebetbuch für die ganze Familie,
  Arnd Brummer (Hg.), Frankfurt a. M. 2008.

GLOSSAR

ALTE KIRCHE: Der Eigenname steht für den Anfang der Kirche und ihrer Geschichte. Als Alte Kirche bezeichnet man das, was man für den Zeitraum bis zum Schisma (Abspaltung) der Orthodoxen Kirche 1054 als einigermaßen einheitliches kirchliches Gebilde ansehen kann. Zwar gab es immer Auseinandersetzungen und Konflikte, aber im Wesentlichen blieb die Kirche unter der Herrschaft Roms bis zu diesem Zeitpunkt eine. Danach entwickelten sich die beiden Zentren Rom und Konstantinopel getrennt voneinander weiter.

CHANUKKA: Im jüdischen Festkalender gehört Chanukka zu den Hauptfesten. Sein Termin fällt in die Advents- und Weihnachtszeit.

KALENDER: Die Geschichte des Kalenders ist eine Geschichte der Herrschaft, Macht, Kulturen, Erdteile, Religionen und Kosmologien. Für das Abendland entscheidend sind die Unterscheidungen zwischen dem Mond- und Sonnenkalender und die sogenannte gregorianische Kalenderreform, mit der 1582 der julianische Kalender abgelöst wurde. Diese Reform hat den heute nahezu weltweit verbreiteten Sonnenkalender eingeführt.
Der julianische Kalender war hingegen ein Kalender, der sich an den Mondphasen orientierte. Er hatte ebenfalls jahrhundertelang Geltung und war 47 v. Chr. von Julius Cäsar im Römischen Reich zum verbindlichen Kalender erklärt worden. Er hatte ihn in Ägypten kennengelernt. In manchen Gebieten der Welt ist der julianische Kalender heute noch in Kraft und besonders in kirchlichen Bereichen hat sich die gregorianische Kalenderreform nicht durchsetzen können,

weshalb die beiden großen Kirchen „Ost- und Westkirche" (siehe Alte Kirche) in der Datierung der meisten Feste nicht auf einen Nenner finden.

Auch das Judentum beharrt weiter in religiösen Zusammenhängen auf einem eigenen Kalender, einem Mondkalender mit zwölf Monaten, abwechseln 29 oder 30 Tage lang und sieben Schaltmonaten in 19 Jahren. Dasselbe gilt für den muslimischen Kalender, dem ein Mondjahr von 354 Tagen zugrunde liegt und in dem sich in 30 Jahren elf Schaltjahre mit 365 Tagen finden. Auch in China und Japan haben die Religionen ihre alten Kalendersysteme bewahrt. Auch dort handelt es sich um Mondphasenkalender mit entsprechender Schaltjahrregelung.

Aus dieser Vielfalt ergeben sich erhebliche Probleme bei der Datierung vieler Feste. In vielen Fällen ist nur eine Annäherung möglich. Die endgültige Festlegung auf Tag und Stunde im international geltenden gregorianischen Kalender treffen die Religionen in der Regel zeitnah und für die bevorstehenden Jahre aktuell in jeweils eigenen Absprachen.

VEDA ist ein Wort aus dem Sanskrit und steht für eine ursprünglich mündliche Überlieferung religiöser Texte und Geschichte im Hinduismus. Der Plural Veden steht heute für die bekannten vier großen Texte, deren Verschriftlichung wahrscheinlich im 5. Jahrhundert begann. Die Brahmanen (Geistliche) stehen den schriftlichen Fassungen oftmals kritisch gegenüber, denn der Inhalt der Veden hat bis heute zum Teil den Charakter von Geheimwissen.

WEICHBILD ist ein anderes Wort für die geläufigere Bezeichnung Silhouette und meint den äußeren Umriss einer Stadt oder eines städtebaulichen Ensembles.

PASSIONSZEIT: Das christliche Jahr (Kirchenjahr) kennt vier große Zeiträume: die Adventszeit, die Passionszeit, die Osterzeit und die Trinitatiszeit (nach Pfingsten). Darüber hinaus lassen sich kleinere Zeiträume eingrenzen, die durch weniger bedeutende Festtage begründet werden. Die Passionszeit ist 40 Tage lang und bereitet das Osterfest als vorösterliche Fastenzeit vor. Die Osterzeit ist 50 Tage lang und bereitet das Pfingstfest vor. Die Adventszeit ist streng genommen mit ihrem Beginn zum Herbstbußtag (Buß- und Bettag) ebenfalls 40 Tage lang und die vorweihnachtliche Fastenzeit.

Das **JUDENTUM** hat sich in seiner langen Geschichte in viele Richtungen entwickelt. Seine große Leidenschaft für den lebendigen Diskurs hat eine Spaltung wie etwa das erste kirchliche Schisma 1054 zu verhindern gewusst. Dennoch nimmt man heute zur groben Unterscheidung zweier Grundrichtungen jüdisch-religiösen Denkens die beiden Begriffe „orthodox" und „liberal" zu Hilfe, wobei – das sei unterstrichen – die Grenzen fließend und durchlässig sind und beide Benennungen häufig von den jeweiligen Gruppen abgelehnt werden. Unter dem sogenannten orthodoxen Judentum versteht man die strengere Ausprägung jüdischen Lebens, mit genauerer Beachtung der Gesetze und einem traditionelleren Verständnis der Bibel und des Talmud. Das liberale Judentum hingegen gilt als offener und zeitgemäßer, großzügiger in Auslegung und Praxis von Gesetz und Talmud.

FELDPREDIGER waren im Ersten und Zweiten Weltkrieg Pfarrer und Geistliche, die sich in den Dienst der Armee stellen ließen und im Rahmen des Militärs als Geistliche handelten. Sie feierten Gottesdienste im Feld und an der Front und sie waren für Seelsorge und Beratung der Soldaten zuständig. Nach dem Zweiten Weltkrieg gerieten die Kirchen mit diesem Engagement in die Kritik. Bis heute ist der Einsatz von Pfarrern und Geistlichen in der Bundeswehr nicht unumstritten. Der Staatskirchenvertrag regelt den Einsatz, der unter dem Namen „Militärseelsorge" zusammengefasst wird.

QUELLEN

LITERATUR

Seite 23   Ivan Illich: „Glaube ist …" in den Flüssen nördlich der Zukunft. Letzte Gespräche über Religion und Gesellschaft mit David Cayley, München 2006, S. 81

Seite 25   „Die Nacht ist vorgedrungen", Jochen Klepper, Weihnachtslied. In: ders.: Ziel der Zeit. Die gesammelten Gedichte. Luther-Verlag Bielefeld 2008[8]

Seite 44   Rose Ausländer: Respekt. Aus: dies., Ich höre das Herz des Oleanders. Gedichte 1977–1979. © S. Fischer Verlag GmbH, Frankfurt am Main 984

Seite 46   Don Boscos pädagogische Grundsätze

Seite 69   Paula Modersohn-Becker: „Ich weiß …" in Günter Busch, Liselotte von Reinken: Paula Modersohn-Becker in Briefen und Tagebüchern, 2. revidierte Auflage 2007

Seite 91   Erich Fromm: „Wenn ich einen …" in: Erich Fromm: „Die Kunst des Liebens", Erich-Fromm-Gesamtausgabe, Band 9, S. 467

Seite 97   Text und Musik: aus Nordmähren, 19. Jahrhundert – nach Walter Hensel

Seite 112   Gerhard Tersteegen: „Luft, die alles füllet" in Evangelisches Gesangbuch Nr. 165, 5. Text: Gerhard Tersteegen (vor 1727) 1729

Seite 114   Käthe Kollwitz: „Ich will eine Zeichnung …" in: Käthe Kollwitz: „Die Tagebücher", Wolf Jobst Siedler Verlag Berlin 1989, Neuausgabe btb Verlag München 2007, S. 456, 26. Februar 1920

Seite 118   Marie Luise Kaschnitz: „Manchmal stehen wir …" © Iris Schnebel-Kaschnitz

Seite 152   Anne Frank: „O ja, ich will …" aus: Anne Frank Tagebuch. Eintrag vom 5. April 1944. Einzig autorisierte und ergänzte Fassung Otto H. Frank und Mirjam Pressler. © 1991 by ANNE FRANK-Fonds, Basel. Alle Rechte vorbehalten S. Fischer Verlag GmbH, Frankfurt am Main

Seite 173 Janusz Korczak: „Ihr sagt ..." in: © Vandenhoek & Ruprecht GmbH & Co. KG, Janusz Korczak, Wenn ich wieder klein bin und andere Geschichten, Göttingen 1973

Seite 174 Harriet Beecher-Stowe: „Ich schrieb...", aus www.fembio.de

Seite 195 Florence Nightingale: „Gott sprach ...", Tagebucheintrag am 7. 2.1837

Seite 196 Frère Roger: „Der Ruf..." in Frère Roger: In allem ein innerer Frieden, Freiburg 2003, S. 101 © Ateliers et Presses de Taizé; F-71250 Taizé-Communauté

Seite 215 Rav Amnon: „Heiligen Tages ..." aus Kalender für das Jahr 2009. Feste und Feiertage der Religionen der Welt, Frankfurt am Main 2008, S. 156 ff

Seite 218 „Als Fan ..." Aus dem Lungyu. Kalender für das Jahr 2011. Feste und Feiertage der Religionen der Welt, Berlin 2010, S.165

Seite 220 Dag Hammarskjöld: „Lass nie ..." Für die deutsche Ausgabe © 1967 Droemersche Verlagsanstalt Th. Kanur Nachf. GmbH & Co. KG, München

Seite 221 Elisabeth von Thadden: „Ich gehe aus dieser räumlich-zeitlichen..." aus dem gedrucktem Abschiedsbrief an Hans Hasso Veltheim, am Tag ihrer Hinrichtung, 8. 9. 1944.

Seite 239 Ulrike Meinhof: „Die Würde..." in: Ulrike Meinhof: „Die Würde des Menschen ist antastbar". 1959–1969. Berlin 2004

Seite 241 Paul Tillich: „Religiös sein ..." in: Paul Tillich, Die verlorene Dimension, 1969, S. 9

Seite 259 „Wahrlich, das ..." aus der dritten Sure. Kalender für das Jahr 2011. Feste und Feiertage der Religionen der Welt, Berlin 2010, S. 189

Seite 261 Ilse Aichinger: „Die Melancholie..." und „ Was man kennt ..." aus Ilse Aichinger, Kleist, Moos, Fasane. © S. Fischer Verlag GmbH, Frankfurt am Main 1987, S. 70

Seite 263 Jakob Böhme: „Ich trage..." in: Verstehen durch Stille. Loccumer Brevier, Hannover 2001, S. 114

FOTOS

IMPRESSUM

Bibliografische Information der Deutschen Bibliothek:
Die Deutsche Bibliothek verzeichnet diese Publikation in der
Deutschen Nationalbibliografie; detaillierte bibliografische Daten
sind im Internet über http://dnb.ddb.de abrufbar.

Autorin: Christiane Thiel
Konzept: Christiane Thiel,
Carola Peifer (Mitarbeit), Ute Adler (Mitarbeit)
Redaktion: Constanze Grimm

Illustrationen: Sandra Beer c/o kombinatrotweiss.de
Gestaltung und Satz: Lisa Keßler, Indrė Kasulaitytė (Mitarbeit)
Fotoredaktion: Michael Apel

Druck und Bindung: GRASPO CZ a.s. Zlín

Printed in EU, ISBN 978-3-86921-098-8